大人の常識として身に付けておきたい

語彙力上達BOOK

吉田裕子
Yuko Yoshida

SOGO HOREI PUBLISHING CO., LTD

はじめに

「仕事でもどんな場面でも、タメ口でいいだろ」
「実力があれば、言葉遣いなんてどうだっていい」
「グローバル化のご時世、日本語の細かな使い方にうるさく言わなくていい」

日本語が乱れているといわれる今日《こんにち》の日本においても、右のように考える人は決して多くありません。少なくとも、いまこの本を手に取ってくださっているあなたは、そうは感じていないことでしょう。

「仕事でも、冠婚葬祭などの人付き合いでも、失礼のない話し方をしたい」
「敬語が使えないと門前払いされることもあるし、語彙力や言い回しで品格、知性を判定されることもある」
「日本語の使い方が間違っていると恥ずかしい」

きっと、このように考えているのではないでしょうか。

日本語の言葉遣いには、相手を敬い、気遣う心が反映されています。ちょっとした言い回しに、マナーや人付き合いのノウハウが詰まっているとも言えます。だからこそ、多くの人が、大人の常識として敬語や言葉遣いをきちんとしたいと考えているのでしょう。

そうして注意しているはずなのに、うっかり間違えている人がいます。悪気はないのに、不適切な言い方、失礼な言い方をしてしまう人がいます。そうした言葉遣い一つで、あなたの印象は大きく下がってしまいます。それは、非常にもったいないことではないでしょうか。

本書では、普段何気なく使っている日本語に潜む、〝もったいない間違い〟を取り上げました。具体的な言葉や例文を取り上げ、「ここをこう直せば、もっと良くなる」と添削《てんさく》しているので、普段の生活の中ですぐに役立てることができます。

語彙力の向上は、皆さんの生活を豊かにします。惜しい言葉遣いを卒業し、大人にふさわしい日本語を身に付けましょう。本書がその一助となれば幸いです。

目次

第三章

『仕事のできない人』と思われる日本語

第四章

『信用できない人』と思われる日本語

第五章

『浅い人』と思われる日本語

コラム

装丁・本文デザイン　ＩＳＳＨＩＫＩ（藤塚尚子）
図表・ＤＴＰ　横内俊彦

第一章

『基本がなっていない人』と思われる日本語

日本語を母語としていても、
普段日本語を使って生活していても、
単語や文法を間違えている場合があります。
基本中の基本であるだけに、
漢字の読み間違いや、
文章での文法ミスは恥ずかしいものです。

教養を疑われる漢字の読み間違い

多くの人が問題意識を持っているのが「漢字」についてではないでしょうか。漢字の書き取りについては、パソコンやスマートフォンの力を借りられる時代になりました。現代において身に付けたい漢字力は「読み」なのです。

「未曾有」「云々」——これは、政治家が読み間違えて非難を浴びた言葉です。あなたは正しく読めましたか？（それぞれ「みぞう」「うんぬん」）

漢字を正しく読めるかどうかは、言葉の知識量（語彙力）の目安になります。読み間違い一つで、言葉を知らない、教養のない人のように思われてしまいかねません。

この項で、日常に潜む難読語をチェックしましょう。

教養を疑われる漢字の読み間違い　問題❶

この漢字は何と読むでしょうか
のように間違ってしまう人も多いようです

① 貸与 → かしょ?

② 斡旋 → かんせん?

③ 押捺 → おしな?

④ 月極 → げっきょく?

⑤ 遵守 → そんしゅ?

⑥ 脆弱 → きじゃく?

⑦ 破綻 → はじょう?

⑧ 発足 → はっそく?

⑨ 画策 → がさく?

⑩ 時宜 → じせん?

⑪ 杜撰 → とせん?

⑫ 素性 → すせい?

教養を疑われる漢字の読み間違い　解答❶

①**たいよ**
金や物を貸し与えること。仕事で使う備品が会社からの「貸与品」である場合、返すことが前提です。

②**あっせん**
間に入って取り持つこと。人や機会をうまく紹介すること。「斡」も「旋」も、「まわす」という意味。

③**おうなつ**
印鑑などを押すこと。「押印《おういん》」「捺印《なついん》」と一緒に覚えておきましょう。

④**つきぎめ**
ひと月いくらと決めて契約すること。「月極駐車場」は、月額いくらという固定金額で借りる駐車場。

⑤**じゅんしゅ**
ルールを守ること。順守と簡単な字で書くこともあります。用例に「法令遵守（コンプライアンス）」。

⑥**ぜいじゃく**
仕組みなどが脆《もろ》くて弱いこと。コンピューターやネットワークに安全上の欠陥があることも表します。

⑦**はたん**
どうしようもなくなった状態。報道でも「はたん」や「破たん」と書かれ、読めない人が増えています。

⑧**ほっそく**
団体などが結成され、活動を開始すること。ほかに「発」を「ほっ」と読む例に「発端」「発疹」。

⑨**かくさく**
計画を巡らすこと。「陰であれこれ画策する」のように、密かに進めるはかりごとを表すことが多い。

⑩**じぎ**
ちょうどよい時。「時宜にかなう」「時宜を得る」の形でよく使います。「宜」を「宣」と間違いがち。

⑪**ずさん**
いい加減な姿勢で取り組むこと。確認がおろそかになっているせいで、漏れや誤りの多い状態です。

⑫**すじょう**
その人の本来の性質。家柄や血筋といった生まれや、育ってきた境遇、歩んできた道筋のこと。

教養を疑われる漢字の読み間違い　問題❷

この漢字は何と読むでしょうか

（吹き出し）のように間違ってしまう人も多いようです

⑬ 出納　しゅつのう？

⑭ 如実　じょじつ？

⑮ 相殺　あいさつ？

⑯ 暫時　ぜんじ？

⑰ 法度　ほうど？

⑱ 垂涎　すいえん？

⑲ 市井　いちい？

⑳ 言質　げんしつ？

㉑ 礼讃　れいさん？

㉒ 陶冶　とうじ？

㉓ 瀟洒　しょうしゅ？

㉔ 払底　はらいぞこ？

教養を疑われる漢字の読み間違い　解答❷

⑬ すいとう

「現金出納帳」と使うように金銭や物品の出し入れのこと。ほかに「出」を「すい」と読む例に「出師《すいし》」。

⑭ にょじつ

現実のままに、間違いなく、はっきりと。思い通りにいかないことを「不如意《ふにょい》」といいます。

⑮ そうさい

相反する要素を差し引きし、帳消しにすること。「そうさつ」も許容されますが、一般的ではありません。

⑯ ざんじ

しばらくの間。「暫定的」の「暫」です。「漸次《ぜんじ》」（次第に）や「暫《しばら》く」「漸《ようや》く」も覚えておきましょう。

⑰ はっと

法令。特に禁令を指すことが多く、「それはご法度だ」のように、「してはならないこと」の意味もある。

⑱ すいぜん

「涎」の訓読みは「よだれ」。涎が垂れるほど待ち望むこと。「ファン垂涎の再演」のように使われます。

⑲ しせい

世間、街なか。「市井の人」は、権力者や特権階級ではなく、市中に暮らす一般庶民を意味します。

⑳ げんち

後で証拠や交渉材料となる約束の言葉。この「質」は「人質」などと同じ意味です。「言質を取る」など。

㉑ らいさん

立派な人だと崇め讃えること。「礼賛」とも。無批判に絶賛する様子を批判するニュアンスでも使います。

㉒ とうや

「冶」は「さんずい」でなく「にすい」です。才能や人格などを鍛え、練り上げることをいいます。

㉓ しょうしゃ

すっきりと垢抜けた様子。二字目は「酒」ではありません。「洒落《しゃれ》た」「洒脱《しゃだつ》な」にも用いる字です。

㉔ ふってい

入れ物の底まで全てを出し切る様子から、物がすっかりなくなることと、非常に少ないことを表します。

教養を疑われる漢字の読み間違い　問題❸

この漢字は何と読むでしょうか
（吹き出し）のように間違ってしまう人も多いようです

㉕ 慧眼
すいがん？

㉖ 訃報
とほう？

㉗ 逝去
せっきょ？

㉘ 暖簾
だんれん？

㉙ 界隈
かいぐま？

㉚ 柔和
じゅうわ？

㉛ 平生
へいせい？

㉜ 行脚
ぎょうきゃく？

㉝ 悪寒
あっかん？

㉞ 煮沸
にふつ？

㉟ 奢侈
しゃた？

㊱ 疾病
しつびょう？

教養を疑われる漢字の読み間違い　解答❸

㉕ けいがん

「炯眼」とも書き、物事の本質を鋭く見抜く力のことをいいます。仏教用語では「えげん」と読みます。

㉖ ふほう

人が亡くなった知らせ。「悲報」や「悲しい知らせ」などと婉曲《えんきょく》的に表すこともあります。

㉗ せいきょ

人が死ぬこと。動詞で「逝《ゆ》く」とも。若くして亡くなることは「夭逝《ようせい》」「夭折《ようせつ》」といいます。

㉘ のれん

軒先や出入り口に垂らす布。商家では屋号などが書かれたので、暖簾にはブランドという意味もあります。

㉙ かいわい

その辺り一帯。「銀座界隈」のように地理的な意味ですが、「IT界隈」のように業界などを指す場合も。

㉚ にゅうわ

優しく穏やかなこと。とげとげしいところがなく、人当たりが良く、物腰がやわらかな様子をいいます。

㉛ へいぜい

普段、いつも。「平生の心がけが大切だ」のように用います。「平素《へいそ》」と合わせて覚えておきましょう。

㉜ あんぎゃ

元は僧が各地を修行で回ることでしたが、単なる方々《ほうぼう》への旅行も意味します。「お詫び行脚」などとも。

㉝ おかん

発熱に伴うゾクゾクする寒気《さむけ》。「あっかん」と読むのは「圧巻」（特に優れた部分）、「悪漢」（悪者）。

㉞ しゃふつ

水を煮え立たせること。ぐつぐつ沸騰した湯で煮ること。「煮沸消毒」のように使用します。

㉟ しゃし

度を過ぎて贅沢《ぜいたく》なこと。「豪奢《ごうしゃ》」も合わせて覚えておきましょう。

㊱ しっぺい

病気のこと。余談ながら、保険の案内などに出てくる三大疾病とは、がん・急性心筋梗塞・脳卒中のことです。

恥ずかしい四字熟語の勘違い

四字熟語は、教訓などが漢字四字でコンパクトに表現されているものです。中国の古典に由来する故事成語もあり、仕事や人生のヒントになる、含蓄《がんちく》の深い言葉もあります。会話や文章を引き締める効果を持ち、政治家の演説や、力士の横綱・大関昇進の際の口上でも、よく使用されています。

知的な印象を与えられる四字熟語ですが、覚え間違いや使い方の誤りがあると、かえって赤っ恥をかいてしまいますので、注意しなくてはなりません。例えば「絶体絶命」を「絶対絶命」などと書いていませんか?

ここでは、よくある覚え間違い・使い間違いをそれぞれ四例ずつ取り上げました。

恥ずかしい四字熟語の覚え間違い 1

危機一発のところで、大惨事を免れた。

正しくは「危機一髪」。髪の毛一本ほどのわずかな違いで、危機に陥るかもしれない、非常に危ない状況のこと。映画「007」シリーズの邦題「007 危機一発」（後に「007 ロシアより愛をこめて」に改題）や、おもちゃの「黒ひげ危機一発」（タカラトミー）によって、誤解してしまった人もいるかもしれませんね。

恥ずかしい四字熟語の覚え間違い 2

協調性は必要だが、不和雷同ではダメだぞ。

正しくは「付和雷同」。「付和」は、しっかりとした考えがなく、自分の意見をほかの人に簡単に合わせてしまうこと。「雷同」は、雷が鳴ると、万物がそれに応じて響く様子のこと。「付和雷同」は上役《うわやく》や周囲におもねって、同じ意見を言う様子を非難して用いる言葉です。なお、「不和」は、気持ちなどが噛み合わず、仲の悪いこと。

恥ずかしい
四字熟語の
覚え間違い

3

しっかり反省し、次は汚名挽回できるようにしよう。

「名誉挽回」と言うほうがふさわしいでしょう。「挽回」は、失ったものを取り返し、元の状態に戻すことです。したがって、「汚名挽回」では、「汚名」(不名誉、悪い評判)を取り返すようにも聞こえてしまうわけです。「汚名」を使う場合、「汚名返上」あるいは「汚名をすすぐ」(=取り除く)とすると良いでしょう。

恥ずかしい
四字熟語の
覚え間違い

4

彼は口先三寸でうまく他人を丸め込んでしまう。

本心でない上辺だけの言葉で、巧みに相手をあしらったり、だましたりすることを言い表したい場合、「舌先三寸」と言うのが正解です。三寸は約九センチメートルですが、これが舌の長さを表し、長い舌でベラベラうまくしゃべる様子をいうわけです。「口先三寸」と間違える人が多いのですが、それでは何が三寸なのか分かりません。

恥ずかしい四字熟語の使い間違い 1

今度の内覧会どうか来てくださいね、是々非々！

例文は、意味を誤解した使い方です。「是々非々」は、中国の思想家荀子《じゅんし》の言葉に由来する四字熟語で、是は是、非は非とする、**智者の望ましい態度を表した言葉**です。「野党のA党は、与党に何でも反対するのではなく、法案ごとに是々非々で判断するようだ」というのが、正しい使い方です。

恥ずかしい四字熟語の使い間違い 2

ちょっとここで、閑話休題。余談であるが……。

「閑話休題」は「それはさておき」「ところで」という意味の接続詞的な言葉ですが、正しくは、余談（＝閑話）を打ち切って（＝休題して）、**本題・本筋に戻るときに使います**。したがって例文の使い方は逆です。なお、「閑」の字は「ひま」とも読みます。ひまなときにするような無駄話が「閑話」なのですね。

恥ずかしい四字熟語の使い間違い 3

天地無用だから、置きやすいように置いて大丈夫だよ。

この「無用」は「問答無用」などと同じ使い方で、**してはならないという禁止の意味**です。この例文では、「心配はご無用」などの使い方から類推したのでしょうか、「天地（＝上下）を気にしなくていい」という意味に誤解しています。正しい使い方は「天地無用だから、このままの向きで、ひっくり返さずに置いてね」です。

恥ずかしい四字熟語の使い間違い 4

うちの上層部は本当に、君子豹変だから困るよ。

「君子」は君主ではなく、徳が高い立派な人という意味です。「君子豹変」は、**人格者は自分の誤りをすぐに直すことができるという意味**で、ポジティブな四字熟語なのです。「時流の変化を見て、潔く撤退を決断した。君子豹変だ」のように使います。意見を次々に変える態度を非難したい場合には「朝令暮改《ちょうれいぼかい》」を使います。

よくある慣用句・ことわざの勘違い

知り合いが多いことを「顔が広い」、もうどうしようもないと投げ出すことを「さじを投げる」と言うなど、会話の中にさりげなく慣用句を取り入れられると、洒落た感じを演出できます。

ことわざも同じです。その状況にぴったりと合うことわざを選び出せれば、説得力が増しますし、その場が盛り上がることでしょう。

ただし、上手いことを言おうとして、言い回しや意味の認識が間違っていたら、工夫の精神も台無し。ここでは現代人が間違ってしまいがちなものばかりを取り上げていますので、これまで誤解していたものがないか、ご確認を。

✕ 優秀な人材獲得を目指し、企業は**青田刈り**にいそしんでいる。

◎ 優秀な人材獲得を目指し、企業は青田買いにいそしんでいる。

金の稲穂が秋風に揺れる。日本の実りの秋を感じさせる光景ですが、そうなる前、まだ田んぼの稲が青いうちに、収穫量を見越して取引をするのが、「青田買い」。一種の先物取引《さきものとりひき》です。そこから転じ、企業が一般的な採用時期よりも早いうちに学生を確保しようとする行為も「青田買い」と表現されるようになりました。

言葉が似ている「青田刈り」と混同されますが、こちらは**田んぼが青いうちに刈る**こと。戦国武将が兵糧攻《ひょうろうぜ》めを行う際、敵の田の「青田刈り」をしていました。

ポイント

✓ **青いうちに刈るのはNG！　先物買いなら「青田買い」**

✕ 若いのに、そんなうがった見方しかできないのは良くないよ。

◎ あの教授の指摘は、さすがに真実をうがっていた。

「雨だれ（点滴《てんてき》）石をうがつ」ということわざがあります。雨の滴《しずく》が垂れる程度でも、長く続けば石に穴を開けるということから、根気強く取り組めば目標を達成できるという教えを説いたことわざです。

「うがつ」の原義は、穴を開けることであり、そこから、**鋭く真実を突いた物の見方をすること**も「うがつ」というようになりました。現在では、「うがった見方」を「斜に構えた見方」だと誤解している人が多いようです。

ポイント

✔ **「うがつ」は本来、良い意味の言葉です**

✕ 時間の関係で、私の自己紹介は割愛させていただきます。

◎ 多数の祝電を頂戴しておりますが、時間の都合上、割愛させていただきます。

「割愛」は、もともと、愛着の気持ちを断ち切るという意味の仏教用語でした。「愛」という漢字が含まれていることからも分かるように、何かを捨てたり一部を省いたりするときに、「本当は切りたくないのだけど……」と、**無念さをにじませる表現**です。

時間や紙幅《しふく》の都合上、話の一部を省かなくてはいけない場面で用いる表現ですが、「私の自己紹介は割愛して」などと、自分に関することを省くときに使うのは誤りです。自分を重んじている人のようになってしまいます。

ポイント

✓ **「割愛」は惜しみながら省略する、という意味です**

×

枯れ木も山の賑わいといいますし、一人でも多いほうが良いので、ぜひ来てくださいよ。

◎

枯れ木も山の賑わい。暇つぶしでも景品目当てでもいいから人数を集めてくれ。

花が咲いたり、若葉が芽吹いたりすると、山はいきいきと輝きます。でも、そうでない枯れ木でも、無いよりはまし、無いよりはあったほうが賑わいになる、というのが、この「枯れ木も山の賑わい」です。

つまらないものでも無いよりはあったほうが良い、という趣旨なので、使い方には注意が必要です。例文のように、相手を「枯れ木」（つまらないもの）扱いしてしまってはいけないのです。

ポイント

✔ **相手を「枯れ木」扱いしないように注意しましょう**

✕ まだ慣れない職場だから、気が置けなくてさ。

◎ 長年の付き合いで、気が置けない相手だ。

もともと「気を置く」という言葉は、配慮することを意味します。気を払うこと、気を遣うことを「気を置く」と表したわけです。ですから、「気が（の）置けない」は、**配慮する必要がない、気を遣わなくてもいい**、という意味なのです。

「置けない」という不可能のニュアンスからか、「気を許せない」などの表現と混同されるからか、ネガティブな表現だと思われがちです。実際には遠慮せずにくつろぐことができる、というポジティブな意味の言葉なのです。

ポイント

✓ **「気が置けない」は、ポジティブなニュアンスの言葉です**

✕
大物政治家が馴染みにしているという、敷居が高い料亭。

◎
あの一件で迷惑をかけてから、どうもA社は敷居が高くて。

値段の高さや、お店の格式、伝統から利用するには心理的なハードルが高い、そうした意味で「敷居が高い」という言葉が使われている例をよく見かけます。

本来、**「敷居が高い」というのは個人的な事情によるもの**です。自分が失礼なことをしたり迷惑をかけたりして顔を合わせづらく、家や会社を訪ね難い状況を表しているのです。いまや、誤用が当たり前として定着しつつあり、人が使ったときに目くじらを立てる必要はありませんが、念のため自分が使うのは控えておきましょう。

ポイント

✓ **「敷居が高い」は、値段が高いという意味ではありません**

7

✖ テレビにもネットにも触れない彼は、すっかり**世間ずれ**している。

◎ 若い頃から芸能界でもまれてきた彼は、世間ずれした手強《てごわ》い奴だ。

「ずれ」は「擦《す》れる」から来た言葉で、「すれっからし」や「あばずれ」と同じ語源です。世間に擦れる、つまり、**社会の裏事情や人間の醜い部分などに触れ、慣れてしまうこと**、また、そうした中で世渡りの知恵を身に付けて、悪賢くなる様子を意味します。世間の人の感覚から外れてしまっていることではありません。

似た意味の四字熟語に「海千山千《うみせんやません》」(海に千年、山に千年暮らしたかのように、世の中を表も裏も知り抜いた、したたかな人間)という言葉があります。

ポイント

✔ **「世間ずれ」は、世間からずれているのではなく、世間に擦れているのです**

✖

先輩の貴重な経験談、他山の石にさせていただきます。

◎

くだらない芸能スキャンダルも他山の石にはなる。

「玉石混交《ぎょくせきこんこう》」という言葉があります。宝玉《ほうぎょく》と石ころのように、良いものと悪いものとが交ざっている様子をいいます。

この言葉からも分かるように、「他山の石」も、ほかの山の石ころなのです。したがって、「他山の石」は、それ自体に価値はないが、自分の宝玉を磨く助けにはなる、という意味。**つまらない言動であっても少しは自分の参考になる**、というニュアンスですから、人に直接「他山の石にします」などと言うのは、もってのほかです。

ポイント

✔ **「他山の石」は、あまり役に立たない石ころのことです**

✕ よく準備し、手をこまねいて待ち受けよう。

◎ われわれも、ただ手をこまねいていた訳ではない。

「手をこまねく（こまぬく）」は、本来、**何も手出しをせずに、腕組みをして傍観すること**を意味する表現です。現在では、まるでバレーボールのレシーブ体勢をとるかのように、準備万端で待ち受けるということをイメージする人が多いようですが、これは誤りです。

おそらく「手ぐすねを引く」（十全の状態で待ち構える）や、「手まねきをする」（手を振って招き寄せる）といった表現との混同が生じているのでしょう。

ポイント

✓ **「手をこまねく」は、準備することではなく、腕組みをしている様子です**

10

✕

あの新人は、生意気にも天に唾して、先輩や上司に口答えする。

◎

悪だくみがバレて処分されたのか。まさに「天に唾する」だね。

上（天）に向かって唾を吐くと、自分にかかります。**他人に悪いことをしようとして、かえって自分に災いがふりかかること**を「天に唾する」といいます。

「天」というところから、上の人（上司や先輩など）を連想し、そうした人に唾を吐きかけてケンカを売る、というイメージを抱く人もいるようですが、違います。上の人に失礼な態度で歯向かったら、痛い目を見ることも多いでしょうから、大きな意味では、合っていると言えるかもしれませんが、正確に理解しておきましょう。

ポイント

✓ **「天に唾する」は目上の人に口答えすることではありません**

✖ **部長はたくさんの仕事を抱えていて、取り付く暇がないよ。**

◎ **何度もメールを送ったが、まったく返信もなく、取り付く島もない。**

取り付くのは「暇」ではなく「島」です。言い間違いにご注意を。航海中、立ち寄れる（＝取り付くことのできる）島もない、という意味です。そこから、**頼れるものがない状態**をいう慣用句になりました。

現在では、頼みごとをしてもまったく相手にされず、その人を頼れない状況を表すのに使われる言葉です。そうしたそっけない対応のことを、ほかに「けんもほろろ」「目もくれない」「鼻にもひっかけない」「歯牙《しが》にもかけない」ともいいます。

ポイント

✔ **「取り付く島もない」。航海中、立ち寄れる島が見当たらないイメージです**

✕

人の話は最後まで聞こう。途中で掉さすのは良くないよ。

◎

あの企業は、好景気の流れに掉さして急成長した。

「水を差す」などと混同しているのでしょう。「掉さす」ことを、流れを遮《さえぎ》り、止めることだと思っている人が多いようです。しかし、流れは細い棹では止まりません。水郷の柳川《やながわ》で舟に乗ってみると分かりますが、昔は船を進めるために、棹で川底を突き、押すようにしていました。この言葉も、**流れがあるところに棹をさして、さらに勢いよく舟を進めていく様子**のことです。流れに乗って栄えることを意味する「順風満帆《じゅんぷうまんぱん》」などと近いイメージです。

ポイント

✓ **「掉さす」は船の上から棹で川底をさして、より勢いを増すことです**

13

× **いまの政治家と来たら、噴飯《ふんぱん》ものだ。君も腹が立たないかい。**

○ **いまの政治家と来たら、噴飯ものだ。ちゃんちゃらおかしいねぇ。**

正義感からの怒りを意味する「憤り《いきどお》」「義憤《ぎふん》」などとイメージが混ざるのでしょうか、「噴飯もの」を、怒ることだと思っている人が多いようです。

本来、噴飯とはご飯を口から噴いてしまうことです。食事中に大笑いをすると、つい、口から食べ物が出てしまうことがありますね。それが噴飯です。**あまりのおかしさに、こらえきれず、大笑いすること**なのです。近い言葉に、笑ってはいけない場面で思わず笑ってしまうという意味の「失笑」があります。

ポイント

✔ **「噴飯もの」は怒るのではなく、笑ってご飯を噴くことです**

✕ 会長など、私には役不足で恐れ多くて、お受けするわけには……。

◎ あれだけの実力者にそのポストは役不足では。

舞台や映画では、演技力や役柄のイメージに合うかどうかで配役が決まるのが一般的ですが、役者の格が決定要因になることもあります。例えば、若手役者が主役を演じるときに、脇役に大御所の役者をキャスティングすることはためらわれるでしょう。そうした状況が「役不足」。**その人の技量や器に対し、与えられている役が軽いという意味**です。逆だと誤解している人がいますが、それだと、謙遜《けんそん》しているつもりで、傲慢な発言になってしまいます。

ポイント

✓ **「役不足」とは、人に対して役「が」不足だという意味です**

実は犯しがちな文法ミス

外国語なら、悩んだときに辞書や文法書を調べるでしょう。しかし母語の場合はいちいち調べません。類推や憶測で使っているうちに、間違ったまま覚えているケースがあります。

「自分はもともと日本語を話しているんだから、文法ミスなんて関係ない！」と、楽観的に決め付けていませんか？　母語話者でも、実は文法ミスを犯してしまっていることはしばしばあります。その代表格が「ら抜き言葉」ですが、こうしたものに「日本語の乱れ」として厳しい目を向ける人も多いのです。

自分の文法理解は正確か、改めて確認しましょう。

実は
犯しがちな
文法ミス

1

✕ あの先輩みたくなりたい。

◎ あの先輩みたいになりたい。

これは「みたいだ」という助動詞の活用上の誤りです。「みたいだ」の活用は、

未然形　〜だろ　連用形　〜だっ・〜で・〜に　終止形　〜だ
連体形　〜な　仮定形　〜なら　命令形　○（存在しない）

です。今回の例文は、「なりたい」、特に「なる」という動詞（用言）に接続していま す。用言に連なるということで、連用形にします。「みたいになりたい」とつなげなく てはならないのです。

この間違いは、**「〜みたいだ」を「〜みたい」という「い」で終わる言葉だと勘違い**

した結果、生じたものでしょう。「い」で言い切る形容詞と同じように、活用させてしまったのですね。

これと似た混同は、形容動詞（言い切りが「〜だ」となる語）でも生じています。例えば、「きれい」という言葉です。これも「い」で終わっているので、「美しい」などと同じ形容詞であると誤解している人がいます。それで、「あの女優さん、実際に見ると、本当にきれかった」という活用をしてしまうわけですが、これも誤りです（「きれいだった」ですね）。

「（中途）半端だ」という形容動詞を「半端ない」とするのも不正確な活用です。「半端で（は）ない」としなくてはなりません。

形容詞に関しても、活用の乱れが見られることがあります。連用修飾の際、本来は「〜く」と活用するはずなのですが、「〜い」という形のままつなげてしまっている場合があるのです。「すごいつらかった」のような例です。これは「すごくつらかった」と言うべきです。

ほかに形容詞関係で気になる表現として、インターネット上のスラングがあります。

・「美しいが過ぎる」（正しくは「美し過ぎる」）
・「眠《ねむ》み」（「楽しみ」のように定着したもの以外で、「～み」とするのは不自然です）

などです。実際に口に出すことがないよう気を付けたいものです。

ポイント

✔「みたい」は「みたいだ」「みたいに」「みたいな」などと活用する助動詞です

✔「～みたく」は、形容詞の活用の仕方です

✔「すごい怖い」「きれかった」「半端ない」などの言い方にも注意しましょう

× 私がここまでやって来れたのは、先輩のおかげです。

○ 私がここまでやって来られたのは、先輩のおかげです。

本来、文法の上では**必要な「ら」が抜け落ちている状態を、「ら抜き言葉」**といいます。例文以外には「食べれない」「見れない」などが、ら抜き言葉に該当します。

このら抜き言葉の何が問題であるかを理解するためには、動詞の活用の種類について復習する必要があります。

動詞の内、打消の助動詞である「ない」を付けると、「ない」の直前がイ段の音になる動詞は、上一段活用に分類されます（「起きる」に「ない」を付けて「起きない」など）。同じように、「逃げない」のように、「ない」の直前がエ段になるものは下一段活用と呼ばれます。また、「来る」はカ行変格活用という特殊な活用をします。

上一段活用、下一段活用、カ行変格活用に関しては、「〜できる」という可能の意味を表すときに、助動詞「られる」を付ける決まりです。「起きられる」「逃げられる」「来られる」とするのが正しいわけです。それにも関わらず、「起きれる」「逃げれる」「来れる」という風に、必要な「ら」を抜かしてしまう誤りが、ら抜き言葉です。

識者の中には、「『見られる』とする場合は受身・尊敬の意味で、『見れる』とする場合は可能の意味である。そうした使い分けが存在しているのだから、日本語の乱れではなく、変化、むしろ進化である」と主張している人もいます。

しかし、現状ではその主張が万人に受け入れられているわけではありません。あらたまった場面や書き言葉でら抜き言葉を使うことには、違和感を持つ人のほうが多いと思われます。他人のら抜き言葉をあげつらうことはしないにしても、少なくとも自分は使わないように心がけたほうが賢明です。

ら抜き言葉と同じように、動詞の活用の種類に関して起きる誤りとして、「れ足す言葉」と「さ入れ言葉」が挙げられます。

「れ足す言葉」とは、「飲めれない」のように、本来「れ」を入れるべきでない箇所に「れ」を入れてしまった表現です。

打消の助動詞「ない」を付けるとき、「ない」の直前がア段の音になる動詞は、五段活用に分類されます（「行く」に「ない」を付けて「行かない」、「読む」に「ない」を付けて「読まない」など）。

五段活用の動詞で「〜できる」という可能を表したいときには、「行ける」「読める」のように形を変えます。それで十分なのに、さらに可能の助動詞「れる（られる）」を合体させ、「行けれる」「読めれる」としてしまう誤りが、れ足す言葉です。

そして、正しくは**「読ませていただきます」と表記すべきところを「読まさせていただきます」として、余分な「さ」を入れてしまうのが「さ入れ言葉」**です。

使役の助動詞である「せる」「させる」は、それを付ける動詞の活用の種類によって使い分けがあります。五段活用の動詞やサ行変格活用の「する」には「せる」、上一段活用・下一段活用の動詞とカ行変格活用の「来る」には「させる」を付けるのです。

したがって、下一段活用の「食べる」を「食べさせる」とするのは正しいのですが、五段活用の「言う」を「言わさせる」とするのは誤りなのです（正しくは「言わせる」）。

特に、「〜せていただく」「〜させていただく」と言う場合に、誤りが目立ちます。「〜させていただく」の直前にア段の音が来ていたら、さ入れ言葉になってしまっています。「私が行かさせていただきます」「先に帰らさせていただきます」などと言わないように気を付けましょう。

ポイント

- ✓「来れる」「見れる」「食べれる」などは、「ら抜き言葉」という誤りです
- ✓上一段活用、下一段活用、カ行変格活用は、「ら抜き言葉」にならないよう注意
- ✓「れ足す言葉」「さ入れ言葉」という誤りにも注意しましょう

実は
犯しがちな
文法ミス

3

× **私の目標は、予算を達成したいです。**

◎ **私の目標は、予算を達成することです。／私は、予算を達成したいです。**

文の基本構造として、

・私が（主語）行く（述語）
・空は（主語）青い（述語）

という、主語と述語の組み合わせがあります。日本語の場合、主語は省略されることも多いのですが、文の中で**主語・述語がねじれていると、おかしく感じられます**。主語と述語をきちんと対応させなくてはなりません。

特に、一文が長くなり、主語と述語が離れてしまうと、主述のねじれが生じやすく

なります。ねじれていないか見直すときには、**主語と述語だけを取り出して確認する**と良いでしょう。例えば、

誤りの例

スピードが重視される現代においては、多くの**人々は**、文章に結論がなかなか出てこないと、結論を待てず、最後まで**読まれない**。

という文の主語と述語を取り出すと、主語は「人々は」、述語は「読まれない」であり、主述のねじれが生じています。

修正例1

スピードが重視される現代においては、文章に結論がなかなか出てこないと、多くの**人々は**結論を待てず、最後まで**読まない**。

修正例2

スピードが重視される現代においては、文章に結論がなかなか出てこないと、多くの人々は結論を待てず、そうした**文章は**最後まで**読まれない**。

などと改めることで、正しい一文が完成します。

見直しをするか、そもそも一文を短くするか、どちらかでねじれを防ぎましょう。**一文は五十字程度を目安とし、長くとも百字以内**に収めるようにすると良いでしょう。

ポイント

- ✓ **主語と述語を対応させましょう**
- ✓ **主語と述語だけを取り出し、対応しているかの見直しを**
- ✓ **一文が長いと主語と述語のねじれが生じやすいので、適度な長さ（五十字程度）に抑えましょう**

✕ **おそらく彼は来る。**

◎ **おそらく彼は来るだろう。**

副詞の中には、「呼応（陳述）の副詞」と呼ばれる語があります。後ろに特定の言い回しを必要とする副詞のことです。**「おそらく」を使ったら、文末に「だろう」という言葉がなくてはなりません**。「決して」という語もそうです。「決して」を使ったら、文末に「〜ない」「〜するな」という否定表現が必要です。

呼応の組み合わせが完成していないと、読み手に違和感を抱かせてしまいます。「全然アリです」という表現を奇妙だと感じる人がいるのも、「全然〜ない」というセットが崩れているからです。

以下に、呼応の副詞の代表例を挙げておきましたので、正確に組み合わせましょう。

呼応の組み合わせ	例文
ひょっとすると～かもしれない	ひょっとすると、競合になるかもしれない。
まるで～ようだ	まるで現地を実際に訪れたかのような満足感を味わえる。
もし～たら・なら・ば・ても	もしできるなら、直接伝えたい。
たとえ～ても	たとえ可能性が低いとしても、起こりうるリスクには対策する必要がある。
あらかじめ～ておく	あらかじめお釣りを用意しておく。
あまり～ない	あまり得策だとは言えない。
必ずしも～ない	必ずしもうまくいくとは限らない。
一概に～ない	その企画も一概に失敗であったとは言えない。
どうか～ください	どうか早めにご入金ください。
ぜひ～たい・て欲しい	ぜひ御社にお願いしたく存じます。

ポイント

✓「おそらく」は「だろう」と組み合わせて使う必要があります

✓組み合わせの決まっている「呼応の副詞」に気を付けましょう

実は
犯しがちな
文法ミス

5

× この事業は伸びています。**なので**、来期の目標は売上の二割増です。

◎ **この事業は伸びていますので、来期の目標は売上の二割増です。**

「なので」は本来、「初めてなので、失敗しそうです」のように、文の中で用いる言葉で、**文頭では使用しないのが原則**です。実際の会話では「なので」を文頭に用いる人も多く、徐々に認められてきてはいるのですが、文章では「したがって」「それゆえ」「それなので」に置き換えたほうが安全です。

逆接の「〜なのに」も同様です。これも文章においては、「それなのに」「それにも関わらず」「しかし」などに置き換えます。

ポイント

✓「なので」や「なのに」は文頭では使用しない決まりです

✖ わが社はすぐに成長するベンチャー企業に投資すべきです。

◎ わが社は、成長するベンチャー企業に、すぐに投資すべきです。／わが社はすぐに、成長するベンチャー企業に投資すべきです。

修飾語の位置や読点（、）が不適切であるために、文が二重の意味を持ってしまう場合があります。例文でも、**「すぐに」が「成長する」を修飾するのか（ベンチャー企業がすぐに成長するのか）、「投資すべき」を修飾するのか（自社がすぐに投資すべきなのか）、はっきりしません**ね。修飾語と被修飾語（修飾される言葉）を近くに置いたり、区切り目に読点を付けたりして、意味のまとまりがはっきり分かるようにしましょう。

ポイント

✔ **修飾語の位置や読点の付け方を工夫し、誤読を防ぎましょう**

コラム

「語彙力」を高めるためには

語彙力を伸ばそうと考えたとき、「よし、本を読もう」と考える人は多いでしょう。しかし、身に付けたい言葉によって語彙力の伸ばし方は違います。

①仕事上よく使う言葉
②熟語
③ことわざ、慣用句、四字熟語、故事成語
④季節の情緒や日本の文化を感じられる語彙

①を伸ばしたいなら、日々の仕事の中で、資料や参考書籍を積極的に読んで、言葉を手帳などにメモするのが有効でしょうし、②や③なら漢字検定のテキスト、読み物に近い形で編集された辞典などが役に立つでしょう。④なら歳時記や俳句、大和言葉（和のことば）について書かれた本が参考になるでしょう。

いずれにせよ、認知語彙と使用語彙という二段階を意識して学習するのがオススメです。認知語彙は見て意味が分かるという程度で、使用語彙は自分でも使いこなせる水準です。もちろん、使用語彙を目指すに越したことはありません。

第二章

『失礼な人』と思われる日本語

お礼や謝罪などの大事な場面で、
不適切な日本語を使っていたら、
失礼極まりないことです。
逆に、上手く言葉を使いこなせば、
人間関係の潤滑油になります。
角の立たない、
便利な言い回しを覚えましょう。

心がこもっていない挨拶

朝なら「おはようございます」、昼なら「こんにちは」、夜なら「こんばんは」。挨拶の表現は基本的に決まっています。その決まった型をなぞるのがマナーですが、ただそれだけでは、特に人の印象に残らず、あなたの存在は埋もれてしまいます。「また今度よろしく」「ぜひ」と挨拶しただけでは、次の機会につながることはほとんどありません。

ここでは、心のこもった挨拶表現をご紹介しましょう。本項を参考に、ぜひ日々の挨拶に一工夫をしてみてください。そうした挨拶は、あなたの印象を良くし、周囲との関係を深めるのに、一役買ってくれるでしょう。

心がこもっていない
挨拶
1

× **初めまして。**

◎ **お目にかかれて光栄です。**

「初めまして」という挨拶は正しいのですが、単にその一言では、**特に印象には残りません**。

人を紹介してもらった。

メールなどでやり取りしてきた相手と、いよいよ直接会った。

そういうときには、**会えた嬉しさを言葉にして伝えましょう**。

「お目にかかれて光栄です」
「お目通《めどお》りが叶い、嬉しく存じます」
などと言います。そこにさらに、
「弊社の○○から、A様のご活躍については聞き及んでおりました」

「私の耳にも入っております」

などと添えると、言われた相手は嬉しいことでしょう。

なお、「お目にかかる」「お目通りが叶う」よりも古風な言い方に、「御目文字《おめもじ》が叶う」（女性語）「ご尊顔《そんがん》を拝する」（どちらかというと男性語）があります。現代の日常会話で使いこなすのは難しい言葉ですが、あらたまった手紙などでは使われることがありますので、知っておきましょう。

ポイント

- **初対面の一言は大きな印象を残します**
- **会えて嬉しい気持ちを率直に伝え、場を温めましょう**

✕ 久しぶりですねぇ。

◎ ご無沙汰しております。

「久しい」は「長い」という意味ですので、「久しぶり」は、間が長く空いてしまったことを意味する挨拶です。長い間会えずにいた無念さや再会の喜びがよく伝わる言葉で、友人同士での再会にはもってこいの言葉です。

ただ、ビジネスや親戚付き合いの場合、少しあらたまった挨拶も覚えておきたいものです。

そもそも、「久しぶり」になったのは、足が遠のいたり、連絡をおろそかにしたりしたせいではないでしょうか。意識的でないにしても、相手との関係を軽んじてしまっていた部分がないでしょうか。

その**反省の気持ちをにじませるのが「ご無沙汰しております」**です。

「無沙汰」は、沙汰が無いということ。本来しなくてはならない処置（＝沙汰）をしていないことです。

相手を気にかけ、訪問したり連絡したりしたほうが良い。それは分かっていた。しかし、自分の忙しさに追われているうちに、ろくに挨拶もできないまま長い時間が経ってしまった。その非礼を自覚し、反省する気持ちを込めるのが、「ご無沙汰しております」という挨拶なのです。

ポイント

- **久しぶりなのは、訪問や連絡を怠ったからです。非礼を自覚しましょう**
- **「ご無沙汰しております」で反省する気持ちをにじませましょう**

心がこもっていない
挨拶　3

✕ 最近はどうですか。

◎ いかがお過ごしですか。／お変わりなくお過ごしですか。

「私《わたし》たち」を「私《わたくし》ども」、「この前」を「先日」「過日《かじつ》」とするなど、置き換えることで、大人の上品さを感じさせる言葉があります。この文でも、「どうですか」を「いかがですか」と置き換えるだけで、一段階、上品な印象に変わります。

これは英会話とも共通する話なのですが、「いかがお過ごしですか」という挨拶に対し、ネガティブな返答をすることは基本的にありません（“How are you?”と尋ねられて“Bad!”とは答えませんよね）。少し体調を崩したり、不運なことがあったりしても、ここは「まあね。何とかね」程度で答えるものです。

そこで、最初から肯定的な返答を期待して質問する言い方もあります。

・お変わりなくお過ごしですか。
・つつがなくお過ごしですか。

「つつがない」は、病気や問題なく、無事に過ごしている様子を表す言葉です。
「お変わりなく（つつがなく）お過ごしですか」という質問には、**「無事に、元気に過ごしていて欲しい」と祈り、願う気持ち**が伴います。単に「いかがですか」と尋ねるよりも、温かい印象のある言い方です。

ポイント

✔ **「どう」を「いかが」に変えるだけで上品です**
✔ **「お変わりなく」「つつがなく」をマスターしましょう**

✕ つまらない物ですが。

◎ ほんの心ばかりの品ですが。

「心ばかりの品」は、「ちょっと心の一部を表しただけで、物自体は大したものではありません」という意味です。

自分から贈る物を謙遜《けんそん》する言い方には、ほかに、

「つまらないものですが」

「粗品《そしな》ではございますが」

もあります。**「つまらない」「粗」と言うのは、謙虚ではありますが、少々卑屈にも聞こえる**表現です。場合によっては嫌味な印象を与えるかもしれません。

今回ご紹介する「心ばかり」も謙遜する言い方ですが、「つまらない」「粗」と違い、それほど否定的な響きではありませんので、卑屈な印象はありません。品物の背後に

ある感謝や友好の心も感じられる、温かみのある言葉です。

なお、この「心ばかりの」は、宴席の幹事を務めた際にも使えます。

「この度は○○を祝し、心ばかりの席を設けました。どうぞ楽しいひとときをお過ごしください」

と、挨拶に取り入れることができるのです。

ポイント

✓ **自慢の逸品でも、渡すときには謙遜しましょう**

✓ **「つまらないもの」「粗品」の代わりに「心ばかりの」と言うと小粋です**

✕ すみませんが、先に帰ります。

◎ お名残惜しいですが、こちらでおいとまいたします。

誰にとっても貴重なのが、時間です。その時間を人のために割《さ》くのは、その人を大切に思っている証です。逆に言えば、会を途中で抜けると、相手を軽んじているように思われかねないのです。そうならないよう、**相手を大切に思っていることを伝えて帰らなくてはなりません**。


「お名残り惜しいのですが」

「もう少しお話ししたいのはやまやまなのですが」

「後ろ髪を引かれる思いですが」

と無念な気持ちを伝え、どうしても帰らねばならない事情（家族、交通機関、翌日の業務など）を説明して、失礼しましょう。

先に帰るときの挨拶としては、

「おいとまいたします」

「お先に失礼いたします」

が定番です。去り際、最後の印象が悪くては台無しですから、丁寧に挨拶して帰りたいところです。

ポイント

- ✔「先に帰る＝つまらないと感じている」と思われかねません
- ✔もう少し残っていたかった、という気持ちをにじませましょう

× いいんですかー？　すみません。

◎ 本日は、お言葉に甘えさせていただきます。

ご馳走してもらえるのは、嬉しくありがたいことですが、恐れ多く、申し訳なくもあることです。ただ、最終的にご馳走になるのであれば、気持ちよく厚意を受け取りましょう。遠慮する姿勢も必要ですが、あまりに**「すみません」「申し訳ないです」を連発すると、かえって相手に気を遣わせてしまいます**。

「お言葉に甘えさせていただきます」

「お言葉に甘えてご馳走になります」

と言って、頭を下げましょう。

最初に「本日は」と付けるのも、ポイントです。次回またこうした機会があったときには自分の分は払います、あるいは、そちらの分も払わせてください、という誠意をさりげなく示しておくのです。今後ともお付き合いを続けていきたい間柄であれば、「次はこちらで持たせてください」というフレーズも素敵ですね。「こちらで払います」のように、直接お金のことを言う表現は避けたほうがスマートです。

「今度は奢ります！」という言い方も、気心知れた者同士であればいいのですが、取引先などの相手であれば、使わないほうが良いでしょう。「奢る」という言い方は、上から目線の、傲慢な印象を与えかねません。

ポイント

- **遠慮し過ぎるのもかえって失礼です**
- **相手の厚意を気持ちよく受け取る言い方をしましょう**

心がこもっていない
挨拶

7

✕ それぐらい、全然大丈夫だよー。

◎ お気になさらず。

あなたは「ありがとう」とお礼を言われたら、どのように返答しますか。

正解は「どういたしまして」ですが、意外に、こうは言えないものです。控えめに「いやいや、そんな、大したことではない」と言う人が多いのです。

「全然大したことないから」「いや、そんなことないよ！　すごく助かった」「いやいや、そんなこと……」と押し問答をするのもスマートではありませんね。**控えめで、やわらかな印象の「お気になさらず」**を覚えておきましょう。

ポイント

✓ **お礼を言われたら、やわらかく受け入れましょう**

× この前はすっごく失礼なことしちゃって……。

◎ 先日はとんだ不義理をいたしました。

失礼なことをしてしまった相手に会うのは、きまりが悪いものです。勇気が必要ですが、最初に潔く謝ると良いでしょう。そのほうが、その後の会話は円滑です。**反省を示すには、硬めの言葉を使う**と良いでしょう。大人として覚えておきたいのが「不義理」という言葉です。「義理」は、道義、道理、人としての正しい道のことです。特に、人付き合い上、守らなくてはいけないルールのことをいいます。そうした義理を欠いてしまった、失礼な状況が「不義理」です。

ポイント

✔ **昔の非礼を素直に認め、あらたまった言葉「不義理」で詫びましょう**

感謝が伝わらないお礼

誰かに手伝ってもらったときには、感謝の気持ちを表現したいものです。その相手はお礼が言われたくて手伝ったわけではないでしょうが、きちんとお礼を伝えてこそ、相手も、「手伝った甲斐があった」「これからも何かあったら手伝ってあげよう」と思うのではないでしょうか。

お礼を言うときには、相手の親切に対し、言葉でお返しをするような気持ちで言うと良いでしょう。もちろん、実際にお礼の品を持参するケースもあるでしょうが、心のこもったお礼はそれ自体が贈り物のようなものです。相手の厚意に見合うよう、温かく丁寧な言い方をしたいものですね。

感謝が
伝わらない
お礼

1

× わざわざお越しいただき、本当にありがとうございます。

◎ ご足労を賜《たまわ》り、心より御礼申し上げます。

わざわざ来てくれた、その手間や時間を思いやって**「ご足労を賜り（いただき）」とねぎらい、感謝を伝えます**。

遠くからお越しの場合、「遠路はるばる」、雨や雪の日には「お足もとの悪い中」を冠すると良いでしょう。

もう少し古風な言い方には「お運びいただき」があります。「足を運ぶ」の「足を」が外れてできた言い回しです。

ポイント

✓ **出向いてくれた相手の労をねぎらう「ご足労」を使いこなしましょう**

感謝が
伝わらない
お礼

2

✕ めちゃくちゃ手伝ってもらっちゃいましたね。

◎ ひとかたならぬお力添えを賜りました。

「超助かった！　ありがとう」で済むときもあるのでしょうが、「親しき仲にも礼儀あり」といいます。**公私ともに使える、あらたまった言い方も覚えておきましょう**。

まず、「ひとかたならぬ」は「並々でない」という意味の古風な表現です。熟語で言うなら、「格別な」「格段の」です。そして、「手伝う」や「協力」にも、少しあらたまった言い方があります。「お力添え」、また「ご助力」「ご尽力《じんりょく》」「ご厚情」などの表現も自分のものにしておきましょう。

ポイント

✓ **「めちゃくちゃ」「超」「すごく」などの口語的な強調語は幼く聞こえます**

✕ こんなに親切にしていただいて、すみません。

◎ たいそう親切なお心遣い、痛み入ります。

自分のために誰かが動いてくれるのはありがたいこと。「そこまでしてくれるなんて、自分にはもったいないことだ」と感じることもあるでしょう。だからといって、「すみません」「ごめんなさい」「申し訳ない」のように、**謝罪するのはいまいちな対応法**。相手は快く手伝っているのかもしれません。それなのに謝罪されたら、やりづらくなってしまいます。代わりに、「恐れ入ります」や「痛み入ります」などの、恐縮を意味する言葉を使うのはいかがでしょうか。「恩に着ます」と感謝する言い方もあります。

ポイント

✔ **謝罪でなく、恐縮しながら感謝を伝える挨拶を覚えましょう**

✕ **ご捺印終わりましたか。誠にお手間を取らせました。ご協力いただき、御礼申し上げます。**

◎ **ご捺印、ありがとうございます。**

これは、単に印鑑を押してもらったという状況です。手間といえば手間かもしれませんが、ほんの数秒のこと。ここまでお礼を言うのは、慇懃無礼《いんぎんぶれい》に感じられます。「慇懃無礼」とは、**言葉や態度などが丁寧すぎて、かえって無礼に感じられる**様子。大げさな丁寧さは、本心だと感じられません。嫌味に聞こえ、むしろ馬鹿にされているように思われるかもしれません。お礼は行為や気遣いの程度に合わせ、ちょうど良く伝えましょう。

ポイント

✓ **大げさ過ぎるお礼は、むしろ失礼になる恐れがあります**

× 忙しいのにわざわざ時間を割いてもらって、すみませんでした。

◎ お忙しいところ貴重なお時間を頂戴しまして、誠にありがとうございました。

前述の通り、お礼はお礼として、前向きに伝えたいものです。「すみません」よりは「ありがとうございます」と言う習慣を付けましょう。

そして、「～のに」は少々カジュアルなので、「お忙しいところ」「お忙しいにも関わらず」「ご多忙の折」などのフレーズがすっと出てくると良いですね。

時間を割いてもらうことを「お時間を頂戴する（頂く）」とも言うことができます。返答を待たせてしまうときに、「お時間を頂けますか」と使うこともできます。

ポイント

✓ 時間を使わせて申し訳ないと詫びるより、前向きにお礼を言いましょう

× そんなに褒めていただくと、照れます。

◎ お褒めにあずかり、光栄です。

褒められた際、「ありがとうございます」と素直に受け入れてもいいわけですが、シャイな人だと、少し抵抗がありますよね。調子に乗っているように思わるのが嫌で、「いいえ、そんなことは……」と答える人が多いように思います。

そういう場面で**覚えておきたい切り返し方が、褒め返すこと**です。「○○さんのように素敵な人に褒めていただけるなんて、これほど名誉なことはない」という感じで、褒めてくれた相手を褒め返すのです。「ありがとう」よりも、口に出しやすい表現です。

ポイント

✓ **○○さんに褒めていただけるなんて、と褒め返すのがスマートです**

感謝が
伝わらない
お礼

7

✕ 当社の製品を気に入っていただけたんですね。

◎ 当社の製品がお眼鏡にかない、嬉しく存じます。

「前回買った○○。良かったからまたお願い」と頼まれたら、嬉しいですよね。気に入ってもらえたんだ、と一安心。継続を決めた客に対し、感謝の気持ちがあふれます。

そういう場面で使いたいのが今回のフレーズです。「お眼鏡にかなう」は、**目上の相手から気に入ってもらえたときに使う**言い方。あなたは厳しい鑑識眼を持っているだろうに、そのあなたに認めてもらえるとは、という、嬉しい驚きを込められる言葉です。「お目にかなう」としないように。

ポイント

✓ **ここでも、褒められたら褒め返す、という鉄則を用います**

✖ **参考書籍をご教授いただき、ありがとうございました。**

◎ **参考書籍をご教示いただき、ありがとうございました。**

「大学教授」という言葉があるように、**「教授」は専門的な知識を授業などの形式で教え授けることを意味する熟語**です。質問に対し、簡単に回答したぐらいなら、「ご教授」という表現は大げさです。

そういうシチュエーションで用いるのは、「ご教示」や「お知らせ」でしょう。「お示しいただき」のような動詞でも構いません。

なお、契約条件を示す場合などには「提示」という熟語を用います。

ポイント

✔ **「教授」は、授業のようなイメージ。簡単な情報伝達なら「教示」を使います**

許してもらえない謝罪

子どもが謝るときには「ごめんなさい」と言います。これは漢字で「御免なさい」と書き、免《ゆる》すことをお願いするフレーズです。「許してー」と言って許してもらえるのは、かわいい子どものうちだけでしょう。

大人の謝罪に重要なのは、自分の非を潔く認めること。そして、日常よりもあらたまった言葉遣いをすることで、真摯に反省する姿勢を示すことです。

本項では、相手をイラッとさせてしまいそうな謝罪表現を集めました。相手の怒りの火にさらに油を注ぐことにならないよう、適切な言葉遣いをマスターしましょう。

許してもらえない
謝罪

1

× 申し訳ありません。しかし……。

◎ 申し訳ありません。

謝罪をするときの禁句は、「しかし」「でも」「だって」です。自分の側にも事情はあるにせよ、言い訳をし始めると、反省していないように感じられます。

「申し訳ありません（ございません）」の語源を考えてみましょう。敬語を外してみれば（申す→言う）、「言い訳はない」となります。言い訳もないほど、自分に非があることを潔く認めるという意味の言葉なのです。そのため、「申し訳ありません」と言った後に、言い訳を続けるのは語義として矛盾しています。

似た言葉に、「申し開きもできません」があります。追及を受けたときに、そうならざるを得なかった理由・事情を弁明することを「申し開き」といいます。その「申し開き」もできないと言うことによって、自分たちの過失・責任を潔く認める言い方です。日常的に使われる「申し訳ない」でなく、あえて「申し開きのできない」という表現を選ぶと、硬く、真面目な雰囲気を出すことができます。「弁解の余地もございません」も同じ意味です。

さらに、弁明・弁解どころか、もはや謝罪も一切できないと詫びる、「お詫びのしようもございません」という言い方もあります。

ポイント

✔ **謝罪の後に言い訳が続くと、反省していない印象を与えます**

✔ **「申し訳」の語義を考えれば、言い訳は続けられないはずです**

× **何か怒らせてしまったようで、すいません。**

◎ **ご迷惑をおかけしまして、誠に申し訳ございません。**

謝るのは、自分の間違いに気付き、真摯に反省したからこそです。相手を傷付けたり困らせたりしたことについて、自分の責任を痛感しているから謝罪するのです。

それなのに、「何か怒らせてしまったようで」という言い方ではいけません。この言い方では、**怒らせた原因が自分にあることを、きちんと受け止めていない**ように感じられます。

しかも、「怒らせて」という言い方では、**相手が感情的に怒ったことを責めるかのよう**です。自分が悪いことをしたというのに、相手の度量の問題であるかのように表現したら、相手はますます不快になってしまいます。「ご迷惑をおかけして」「ご気分を害しまして」などの表現であれば、自分の過ちのせいで、相手に不快な思いをさせたという意味になります。
また、「すいません」という謝罪は、「すみません」を崩した話し言葉です。せめて「すみません」と発音したいところです。少々軽く聞こえる言葉なので、状況が深刻な場合には、別の謝罪文句を使ったほうが良いでしょう。

ポイント

- ✓ **「すいません」はくだけた口語表現です**
- ✓ **「怒らせて」では、怒った側の度量の狭さを責めるようにも聞こえます**

✕ **忙しかったので、適当にやってしまいました。**

◎ **立て込んでいたとはいえ、注意が行き届いておりませんでした。**

この謝罪には二つの問題があります。まず**「忙しかったので」と言い訳をしているところ。真摯に反省しているように聞こえません**。「立て込んでいた（忙しかった）とはいえ」というのが、上手な言い方。事情を伝えつつも、それを言い訳にしない表現です。

もう一つの問題は**「適当に」という言い方。この言葉遣いこそが、適当（いい加減）に聞こえます**。謝罪では、あらたまった言い回しを選ぶようにしましょう。

ポイント

✓ **謝罪の二大原則は、①言い訳をしない、②あらたまった言葉を使う**

許してもらえない
謝罪 4

いやー、想定外でした。

お恥ずかしい限りですが、そこまで考えが及んでおりませんでした。

「いやー、想定外でした」

「そこまではさすがに考えてませんでした」

などと言われてしまうと、無責任な印象です。「**もっときちんと考えておけよ！**」と言いたくなります。

「私の想定が甘くて……」と真摯に反省していれば、相手が「それはさすがに予想外でしたね」とフォローしてくれることもあります。

ポイント

✔「想定外」では無責任。自分の考えの甘さを恥じましょう

✕ これからはちゃんと注意します。

◎ 以後、同じ過ちを犯さぬよう、細心の注意を払ってまいります。

大人の場合、**単に気持ちの上で反省するだけでは不十分**です。精神論に留まらず、再発防止の策を具体的に講じなくてはなりません。

その際、**NGワードは「ちゃんと」「きちんと」「しっかり」**。単に「ちゃんと」と言っただけでは、「ちゃんと」とは何をどうすることを言うのか、どうすれば「ちゃんと」することができるのかが分かりませんね。

慎重に事を進める姿勢をいう「細心の注意」「万全の注意」を覚えておきましょう。

ポイント

✔ **甘い精神論に聞こえる「ちゃんと」「きちんと」「しっかり」は使わない**

ご心配をおかけしたのは、遺憾です。

ご心配をおかけしましたこと、心よりお詫び申し上げます。

「遺憾」は、「残念」という意味です。相手の言動を責めるときに、「このようなご対応は、誠に遺憾です」のように使うこともある言葉で、**元来、謝罪の意味は含まれていない**のです。

自分の過ちに関して「遺憾です」と言うのは、「私も残念だなぁと思っているんですよ」と言っているだけなのです。**まるで他人事のような言い草**ですね。自分事として反省している感じが少しもしないのです。

ポイント

✔ **「遺憾」は残念という意味。他人事のようです**

7

許してもらえない謝罪

× **うちの若い者がご迷惑をおかけしたようで……。**

○ **私どもの監督不行き届きにより、ご迷惑をおかけしました。**

自分は悪くないのに、謝らなければいけない。そうした損な役回りのとき、人は、「どうして自分が……」「あいつは何てことをしてくれたんだ」と感じるものです。その気持ちは分かりますが、それを言葉に出してしまうのはNGです。迷惑を被った相手からすれば、**「若い者」だけでなく、組織全体の問題**だからです。責任逃れに聞こえる言い方はやめましょう。

具体的には、監督責任を十分に果たせなかったことを詫びる「監督不行き届き」という言い方を使います。

「上司である私の不徳のいたすところです」

「上司としての責任を痛感しております」

という言い方をすることもあります。

そうして潔く謝ってこそ、相手から、「いや、○○さんが悪いわけじゃないから」と言ってもらえるものです。その段になって、「○○には私から厳しく言って聞かせます」と言えるわけです。

ポイント

- **相手からすれば、「若い者」だけでなく組織全体の問題です**
- **自分達の指導や監督などが足りなかったことを詫びましょう**

許してもらえない
謝罪 8

✕ どうかお許しください。

◎ ご寛恕《かんじょ》のほど、伏してお願い申し上げます。

「ごめんなさい」「お許しください」を硬い言い回しにしたのが、「ご寛恕ください」です。「ご容赦ください」よりも、少しあらたまった表現です。

寛大な人柄を見込んで、寛容に、恕《ゆる》してくれるように頼んでいるのが「ご寛恕ください」です。相手の優しさを立ててから謝ることで、どうにか許してもらおうとしているのです。なお、「恕」は『論語』（孔子の言行録）のキーワードの一つで、思いやりや相手に同情する態度を意味する言葉です。

結局、内容としては「お許しください」と同じなのですが、**格式ばった表現である分、真面目な印象**を与えることができます。真摯に反省して詫びているのだ、という印象になります。

さらに一段階あらたまった表現で、ほぼ書き言葉でのみ使われるのが、「ご海容《かいよう》ください」です。「海のように広い心でお許しください」と頼む言い方です。和語の表現としては、見逃してもらうよう頼む、「お目こぼしください」があります。

「伏して」は文字通り、地面に伏して（いわゆる土下座）、切に頼むということです。「平《ひら》に」も同じです。「何とぞ」「どうか」よりもあらたまった印象です。

ポイント

✓ **相手の心の広さを立てることで、許しを求めます**

✓ **「伏して」「平に」「何とぞ」などで痛切さをにじませます**

失礼に聞こえる依頼

相手に何かしらの負担をお願いするのが依頼です。こちらから見れば、些細な依頼であったとしても、相手からすれば、予定外の事柄に時間・手間を取られてストレスが大きいかもしれません。控えめに、丁重な言葉でお願いしたいものです。

依頼の前に、「不躾なお願いですが」「お忙しいところ恐縮ですが」「ご多用の折かと存じますが」「お手間を取らせますが」「ご迷惑をおかけしますが」「もしお時間ありましたら」「お手すきの際で結構ですので」などのクッション言葉を付けることも忘れずに。

✕ やってもらえますよね？

◎ やっていただくことは可能でしょうか。

「やってもらえますよね？」という言い方は、**やってもらえることを前提にした言い方**です。「どうせこの人はやってくれるだろう」と高をくくった態度は、相手に対して失礼です。こうした尊大な態度を取られたら、手伝う気のあった人も、やる気をなくしてしまうことでしょう。

依頼をするときは、慎み深く、控えめな姿勢を忘れずに。依頼を切り出す場面では、

「やっていただくことは可能でしょうか？」
「やっていただけないでしょうか？」
「やっていただくお時間はありますでしょうか？」

のように、**相手の意向を尋ねる言い方をしたほうが良いでしょう**。

「やっていただけたら幸いです」
「やっていただけましたら、幸甚に存じます」
といった、あくまで「もし、やってもらえたら嬉しい」というぐらいの姿勢で頼む言い方もあります。

すでに内諾が取れている場合は、「やってください（ませ）」でもいいでしょう。

ポイント

- **やってもらえることを前提とした頼み方は、反発を招きます**
- **疑問形で相手の意向を問うなど、控えめな頼み方をしましょう**

✕ **こっちの事情ではあるのですが。**

◎ **勝手を申しまして恐縮ですが。**

自分が客としてサービスを受ける場合を想像すれば、お分かりになるかと思うのですが、店の事情、従業員の事情を説明されても、**客は「そんなの知らないよ！　それはそっちの都合でしょ！」と思うだけ**なのです。

相手の立場から見れば、「勝手を申して」いるわけです。

なお、「こっち」は口語的ですので、万一こうした言い方をする場合でも「こちらの事情」としましょう。

ポイント

✓ **自分の側でなく、相手の側から見た言い方をしましょう**

✕ 無茶振りかとは思うんですが……。

○ このようなことをお願いするのは忍びないのですが……。

無茶なお願いをするなら、言葉遣いには一層気を付けたいところです。「無茶振り」のようなくだけた言葉は避け、「忍びないのですが」「厚かましいお願いですが」「ご無理を申しているのは承知ですが」などの言い回しを用いましょう。

どうしてもあなたの力が必要だ、と訴えるために、事態の深刻性や緊急性を説明する場合もあるでしょう。その際には、「途方に暮れる」「行き詰まる」「万策《ばんさく》尽《つ》きる」「八方塞《ふさ》がりになる」というような、シリアスな雰囲気の表現を用います。

ポイント

✓ **「無茶振り」のようなカジュアルな言葉は避けましょう**

×ご注文待ってます！

◎ご入り用の際には、どうぞご用命くださいませ。

百貨店の接客では、「買う」の尊敬語は「お求めになる」と言います。「お買い得」という表現も使わず、「お求めやすい」と表現します。これらは、直接お金をイメージさせる「買う」という言葉を避ける工夫です。

それと同様に、**「注文」も商売っ気を感じさせる表現なので、避けたほうが上品**に感じられます。代わりに使えるのが「用命」（用事を言い付ける）。「引き続き、お引き立て（ご愛顧）のほど、よろしくお願いいたします」という言い方もできます。

ポイント

✓ 商売っ気の強い言い方を除くと上品に聞こえます

失礼に聞こえる依頼 5

✕ ○○について、具体的なご意見をください。

◎ ○○について、A様のお考えを詳しくお聞かせ願えませんでしょうか。

街中にはマナーを啓発するポスターがたくさん貼られていますが、ほとんどの人は気に留めていません。自分に関係のあるものだとは思っていないのですね。依頼も同じことなのです。部署全体に向けてのメールで漠然と呼びかけても何の意見も出なかったのに、一人ずつお願いしていったら意見が集まった、という場合があります。**ほかの誰でもない自分事なのだ、と感じてもらえる言い方**をしましょう。相手の見識に期待した、「ぜひA様のお知恵を拝借したいのですが」という言い方も良いですね。

ポイント

✔ **漠然と呼びかけるよりも、「ほかでもないあなた」に声をかけるイメージで**

6

× よかったら、見といてください。

◎ ご笑覧いただければ幸いです。

必ず見て欲しい場合には「お目通しください」「ご一読ください」でしょうが、見ても見なくても支障のないようなものなら、「ご笑覧ください」のような言い方をすると良いでしょう。笑いながら軽く見る、という意味です。「お手すきのときに、ご覧いただけたら幸いです」のような言い方でもいいでしょう。

「見といて」は尊敬語になっていないので、ふさわしくありません。もし、尊敬語にする必要のない相手だとしても、せめて発音は「見ておいて」と言いましょう。

ポイント

✔「ご笑覧」は、笑いながら軽く見る、という意味です

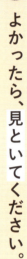

失礼に聞こえる依頼

7

✕ 急いでもらえますか。

◎ 恐れ入りますが、手短にお願いいたします。

「アサーティブ」という言葉があります。自分も相手も尊重した主張の仕方です。自己主張は相手否定になりがちですが、双方を大切にしようという考えです。

例文の状況では、**急いでいるのは自分の一方的都合**です。相手の知ったことではありません。ですから、押し付けるような言い方は避けたいところです。ただし、急いでもらわないと、この後の予定に差し支えるのは事実です。そうした自分の側の都合も踏まえつつ、相手にも配慮した、丁寧な言い方でアサーティブに伝えましょう。

ポイント

✔ 自分の都合を押し付けずに、頼みましょう

✕ 絶対に来てください。

○ 万障《ばんしょう》お繰り合わせの上、ご来臨《らいりん》を賜りますようお願い申し上げます。

「絶対に来い」と言われると、相手も抵抗を感じるものです。**強く頼まなくてはいけないときほど、言い方の工夫が必要**です。「万障」は「万《よろず》の差し障《さわ》り」。相手にも様々な事情があることを推し量りつつ、そうした差し障り全てを調整した上で来て欲しい、と強くお願いするのが「万障お繰り合わせの上」です。

来てくれることを「ご来臨」、参加・出席してくれることを「ご臨席」と表すのも、相手を敬い、わざわざ出向いてくれることに感謝する表現です。

ポイント

✓ **相手の事情を推し量りつつ、強くお願いしましょう**

嫌な気持ちにさせるお断り

先約があったり忙しかったり……。依頼を断る側には断る理由があるわけですが、相手も困って頼んできているわけです。あなたに頼んだのは、ほかでもないあなたを見込んでのことかもしれません。

そうした気持ちに寄り添いながら、失礼にならないように、断りましょう。「申し訳ありません」のように、礼儀正しいフレーズでお断りするのはもちろんとして、合わせて、①個人的には残念だと思う気持ち、②相手も納得する、どうしても動かせない事情、③代替案の提案、の三点を伝えることができると、好印象です。

そういうことはできません。

恐れ入りますが、ご期待には添いかねます。

無茶な依頼には、きっぱりと「できません」と言いたいところですが、キツく聞こえ、角の立ちやすい言い方です。

「私どもではそのようなことはいたしかねます」

「そのようなご期待には添いかねます」

「そちらのご要望にはお応えしかねます」

のように、「〜かねます」という文末を使うと良いでしょう。

「〜かねる」という補助動詞は、「〜しようとしてもできない」という意味です。**「できない」という結論を出す前に、「〜しようとする」という気持ちがある**のです。このニュアンスがあることで、最初からやる気のないように響く「できません！」よりも、好印象になるのですね。

もう一つ、角を立てないコツを。それは、「お応えしたいのだが、諸事情あって難しいので、断るしかない。でも、個人的にはとても残念である」という自分の感情をにじませることです。

「残念ながら」「申し訳ないのですが」「恐れ入りますが」「お手伝いしたいのはやまやまですが」「あいにくですが」などのクッション言葉を取り入れると良いでしょう。

ポイント

✔ **「できません」はキツく聞こえる言葉です**

✔ **クッション言葉や「～かねます」で無念さをにじませて**

✖ いま、別件で忙しいんですよ。

◎ 少々立て込んでおりまして……。

あまりに「忙しい」「忙しい」と言うのは、考え物です。「忙しい自慢」「忙しいアピール」という表現があるのですが、**「忙しい」と言うのは、嫌味な自慢話だと受け取られる**恐れがあるのです。もちろん、「忙しくて大変なんだね」と共感・心配してくれる人もいるかと思いますが、「自分は多くの人から信頼され、たくさんの仕事を頼まれているのだ」という自慢だと受け取る人もいるわけです。

また、「別件で」「○○の件で」と言うのも、相手に自分の依頼はその件よりも優先度が低いのか、などと余計なことを考えさせてしまう恐れがあります。そこで、

「立て込んでおりまして」

「差し迫った仕事を抱えておりまして」

という表現がオススメです。**日常会話よりも少しあらたまった表現を選ぶことで、緊急性や重要性を匂わせつつ、具体的にどのような案件なのかはあいまいにする**のです。

なお、相手も納得し、「それなら仕方ないか」と許してもらえそうな理由であれば、あえて具体的に言うやり方もあります。「決算前の処理に追われていて」などです。

ポイント

- **「忙しい」という言葉は避けましょう**
- **あらたまった言葉を使うと、緊急性や重要性の高い仕事を抱えている印象になります**

✕ 私には、無理ですよー。

○ 若輩者《じゃくはいもの》の私には荷の重いことですので、辞退させていただきます。

「無理」は拒否するイメージの強い言葉で、感情的でワガママな印象を与えかねません。自分の個人的な感情から言うのではなく、**客観的に見てその仕事は自分の能力を超えているのだ、と伝えましょう**。「ここでお引き受けしては、かえって皆さんにご迷惑をおかけするかもしれませんので」のような言い方をすることもできます。

自分の力不足を言うには、「若輩者」（年齢が浅く経験の浅い者）や「未熟者」「経験の浅い者」「修業中の身」「半人前」などの言い方が使えます。

ポイント

✓ **力不足のためにかえって迷惑をかけてしまう旨を伝えましょう**

✖ 野暮用がありまして、欠席します。

◎ あいにく先約があり、今回は見送らせていただきます。

「野暮用」は、自分の用事を大したことのない用だと謙遜する男性語。今日では、半ば死語となりつつある言葉ですし、**相手からすれば、「それほど重大でない用事なら、何とか調整を付けてくれよ」と言いたくもなります**。

そこはシンプルに「先約」で済ませ、「あいにく」「折悪《おりあ》しく」「残念なことに」などと言い添えることで、行きたいのはやまやまである、という気持ちを伝えましょう。また、「今回は」と言うことで、「次は参加したい」という含みを持たせられます。

ポイント

✔ **残念さをにじませつつ、「次回は行く」という含みを持たせましょう**

× いやー、ちょっと急用が入っちゃって。

◎ 急な差し支えがございまして、どうしても難しく……。

スケジュールを調整したのに、ドタキャンをされてしまうと、苛立たしいものですね。「ちょっと急用が入っちゃって」などと軽く言われると、「こちらを優先しろ！」と言いたくなってしまいます。ドタキャンは、新しい用事を重視し、相手をないがしろにした印象を与えますので、相手のプライドを傷付けてしまいます。

ですから、「急な差し支え」という、少しあらたまった表現を選びましょう。より重大な感じを出すなら、「よんどころない事情で」という言い方もあります。

ポイント

✔ **ドタキャンは最も失礼なこと。丁重な言葉で謝りましょう**

✕ 受け取れないんです。

◎ せっかくですが、お気持ちだけ頂戴します。

近年では組織の規定上、取引先や顧客からの手土産や贈り物をもらってはいけないところが増えています。ルール上、受け取ってしまうと処分されてしまうわけですが、相手は良かれと思って持ってきてくれたわけですから、あまり、むげにもできません。**ここで使いたいのは「せっかく」。相手の気遣いを汲み取る言葉**です。そして、「受け取れない」という否定表現ではなく、「お気持ちだけ頂戴します」と、**肯定表現を選ぶことで、角が立ちにくい**でしょう。

ポイント

✓ **「受け取れない」という否定的表現は避けつつ、喜ぶ気持ちをにじませて**

✕ **色々と事情もあり、今回は出展いたしません。**

◎ **諸般《しょはん》の事情により、今回は出展を見送ることになりました。**

今回は断るが、今後のお付き合いもあるので、あまり禍根《かこん》は残したくない。そういう場合に便利なのが、「今回は見送る」という言い方。**次回以降に含みを持たせられますし、「しません！」ときっぱり拒絶するわけではないので、伝えやすい**言葉です。ほかに「見合わせる」「遠慮する（遠慮させていただく）」とも言えます。

不採択の理由を相手に伝えられない場合、便利なのが「諸般の事情により」。特定の一つの理由ではなく、様々な要因が複雑に絡んでいることを暗示する言葉です。

ポイント

✓ **拒否感の強い言葉は避け、「見送る」「見合わせる」「遠慮する」を使います**

嫌な気持ちにさせるお断り

8

✕ こんなの、次は絶対にダメですからね？

◎ このようなことは今回限りでお願いいたします。

無茶な納期や安過ぎる金額など、厳しい条件で仕事をするよう求められる場合があります。あるいは、まったく〆切を守らないなど、先方が不誠実な仕事ぶりを見せることもあります。

約束を守らないのは腹立たしいことですが、長年の付き合い上、受け入れざるを得ない場合もあるでしょう。

ただし、受け入れる場合には、**「今回だけは受け入れるけれど、次回同じようなことをしたら認めない」という趣旨をきっぱり伝える**必要があります。そうしなくては、今後ずっと相手に付け込まれ続ける恐れがあります。

あまりにはっきりと伝えるのは角が立つので、言い難い。

かと言って、伝えなくては今後も苦労させられる。

そうした中で採るべき作戦は、「今回は引き受ける」というポジティブな側面を強調しつつも、凛と強い口調で伝えることです。

無茶を聞き入れることで**相手に恩を売りつつ、自分は甘い人間ではないぞ、と毅然《きぜん》とした態度で伝える**のです。

ポイント

✔ **約束を守らない相手であっても、はっきり伝えると角が立ちます**

✔ **「今回は引き受ける」というポジティブな面を強調しつつ、きっぱりと**

コラム

「正しい日本語」が適切だとは限らない

クイズ番組で、言葉や話し方に関して問題が出されることがあります。もちろん、クイズですから正解があります。しかし実用の上で、唯一の正解はあるのでしょうか。もちろん、一般的にはこのような言い方をすべきである、ということは決まっているでしょう。しかし、その正解は、自分や相手のキャラクターや関係性、置かれた状況によっては、よそよそしく聞こえたり、慇懃無礼に聞こえたりするかもしれません。いつどんなときでも通用する、絶対の正解というものは無いのだろうと思います。

ただし、それぞれのシチュエーションで、よりふさわしい言葉遣いはあります。工夫のカギは、TPPOです。

T "Time"：時（いつ）
P "Place"：場所（どこで）
P "Person"：人（誰が言うのか、誰に言うのか、どのような関係性か）
O "Occasion"：場合（どのような状況で）

状況に合わせて、適切な言葉遣いを追求する努力をすべきなのではないでしょうか。

第三章

『仕事のできない人』と思われる日本語

仕事で欠かせない敬語。
厄介ですが、覚えれば、
初対面の人とも関係を築くことのできる
便利な道具です。
口に馴染んで使っている言い回しが、
文法的には変な状態になっている場合がありますので、
ご注意を。

無意識に使ってしまうバイト敬語

接客業・サービス業のアルバイトでは、原理を理解するというよりも、各場面での決まり文句を覚える、という方法で、敬語を身に付けていきます。先輩スタッフを見て「ここではこういう風に言うものなのだな」と何となく覚えただけで、意味や仕組みは分かっていない場合もあるでしょう。その職場ではよく使われる表現でも、実は、敬語の原理と矛盾している場合もあります。

自分はきちんと敬語を使っているつもりなのに、相手に不快感に抱かせてしまっていたら、もったいないことです。無意識に言っているフレーズがないか、確認してみましょう。

無意識に
使ってしまう
バイト敬語
1

✕

お先です。

◎

お先に失礼いたします。

「あけましておめでとうございます」を「あけおめ」などと省略する人がいますが、**挨拶を短くして言うのは、相手を軽んじている**ように受け止められかねません。「お世話になっております」を「お世話様です」とするのも避けたほうが賢明です。

なお、「お先でーす」のように文末を伸ばしたり、「お疲れっす」(「お疲れ様です」のくだけた形)、「あざっす」(「ありがとうございます」のくだけた形)のように言ったりする例が見られますが、これらも、大人の言葉遣いとしては不適切です。

ポイント

✔ **略した挨拶は失礼に当たります**

× こちらでよろしかったでしょうか？

◎ こちらでよろしいでしょうか？

言っている側としては、これまでのやり取りの内容を踏まえて判断しているため、過去形を用いたのでしょう。それに、「た」と言う助動詞には、「確認」という用法もあるのです。「今日は日曜日だったよね」と言うときの「た」です。この「よろしかったでしょうか」の「た」も確認用法の一種だと考えることができます。

ただし、この内容で**良いかどうかは、いまこの時点で判断するもの**であり、「〜た」は基本的には過去を意味する助動詞なので、変だと感じる人が多いようです。

ポイント

✓ **「た」が入ると、押し付けがましく聞こえます**

✖ 飲み物は足りてますか？

◎ 飲み物は足りていますか？

本来これは「足りていますか」と**「い」が入るはずの文**です。ほかにも「知ってる」「愛してる」のように、「い」が省かれている例もよく見かけますが、文章やあらたまった場面での省略は避けたほうが良いでしょう。

なお、相手に関わる内容で尊敬語として言う場合には「足りていらっしゃいます」、自分（や自分の身内、自社の人間）に関わる内容で、謙譲語にするなら、「足りております」とします。

ポイント

✔ **補助動詞「いる」を省略すると、くだけて聞こえます**

✕ お会計のほう、一万円になります。

◎ お会計は一万円でございます。

「信号が青になる」のように、変化した結果を表すのが、「（〜に）なる」という動詞です。例えば、「二点の金額を合わせまして一万円になります」「クーポンの割引を適用しまして、二千円になります」と言うのであれば筋が通っているのですが、**単に金額を知らせるときに毎回「〜になります」と言うのは不自然**な表現です。

また、**ほかと比較するわけではないのに、やたらに「〜のほう」と付けるのも耳障り**な表現です。

ポイント

✓ **変化するわけではないのに「〜になる」と言うのはやめましょう**

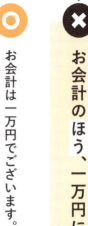

✕ お名前を頂戴できますか？

◎ お名前をお聞かせいただけますか？

例文から敬語を外すと、**「お名前をもらえますか？」となり、意味が通りません**（その人に名前を付けてもらうとか、その人と同じ名前を名乗らせてもらうとかなら、こう言うこともあり得るかもしれませんが……）。

「お名前をお聞きしてもよろしいですか？（うかがえますか？　お聞かせくださいませ、ご記入ください）」

などが正確な言い回しです。

ポイント

✓ **名前を頂戴する（＝もらう）のは、おかしいですね**

✖ 千円からお預かりします。

◎ 千円お預かりします。

言っている側としては、この千円「から」一部だけを代金として受け取る、という意味合いで、「千円からお預かりします」と言っているのでしょうが、実際の状況としては、客から**千円札「を」お預かりした**わけですから、不正確な助詞の使い方になってしまっていますね。

なお、さらに厳密に、「銀行の窓口やパーティーの受付で『お預かりします』は分かるが、店では『頂戴します』『いただきます』と言うべきだ」という意見もあります。

ポイント

✓ **千円札「を」お預かりするので、「から」は不正確です**

無意識に
使ってしまう
バイト敬語

7

✕ レシートのお返しです。

◎ レシートのお渡しです。

レシートや領収書の場合、客から**預かったものを返すわけではありません**ね。そのタイミングで新しく発行して渡すわけですから、「領収書のお渡しです」と言いましょう。

お釣りとレシートを合わせて渡すケースが多いため、このような言い方が生まれたのだと考えられますが、合わせて渡す場合にも、「○○円のお返しと、レシートのお渡しです」とするのが正式な言い方です。

ポイント

✔ **レシートは返すものではありません**

✖ とんでもございません。

◎ とんでもないことでございます。

「とんでもない」の語源は「途でもない」と思われますが、現代では、**「とんでもない」で一語**と考えられている言葉です。つまり、「切ない」「はかない」「さりげない」などと同様に、「〜ない」の部分までで一語の形容詞になっているのです。「切ない」を「切ございません」と言ったら、意味が分かりませんね。それと同じ原理で、「とんでもない」を「とんでもございません」「とんでもありません」とするのも、文法的におかしな表現なのです。

ポイント

✔ **「とんでもない」は、これで一つの形容詞です**

敬意が無駄になる間違い敬語

敬語を使って、相手を敬う気持ちを表現することで、初対面の人や目上の人とも、円滑にコミュニケーションを取ることができます。その肝心な敬語を間違えて使っていたら……？　敬おうとする思いも台無しになってしまいますね。

敬語の原理を理解できている人は、敬語の誤用にすぐ気が付くものです。いちいち指摘こそしませんが、内心では「間違っているなぁ……」と苦笑いしているわけです。そして、間違えている人は、指摘されないのを良いことに、間違えたまま使い続けてしまうのです。

そうした状況に陥らないよう、よくある誤用例を見てみましょう。

✕ 山田様でございますね。

◯ 山田様でいらっしゃいますね。

敬語には大きく分けて、次の三種類があります。

・尊敬語：相手の動作や状態、物に付ける。「お〜になる」「(お)〜なさる」など。
・謙譲語：自分（たち）の動作に付ける。「お（ご）〜する」など。
・丁寧語：聞き手への敬意を表すために「ます」「です」「ございます」を付ける。

この例文では、「山田様」と呼び、相手を敬っています。ですから、「ございます」と**丁寧語を用いるだけでなく、尊敬語も用いたほうが良い**でしょう。「(山田様で）ある」の「ある」を尊敬語に直し、「いらっしゃる」とするわけです。

ほかにも、次のような場合は尊敬語を併用したほうが良いですね。

×「ペンを使用しますか」→○「ペンをご使用になりますか（使用されますか）」

×「あの話は聞きましたか」→○「あの話はお聞きになりましたか」

×「こちらを見てください」→○「ご覧になってください」

ポイント

- ✔ **敬語は大きく分けて「尊敬語」「謙譲語」「丁寧語」の三種類**
- ✔ **相手に関する話をするときは、丁寧語だけでなく尊敬語も使います**

✕ どうぞこちらに**お座り**ください。

◎ どうぞこちらにおかけください。

ルール上、間違いではないのですが、何となく口にしづらい表現、どこか耳障りな表現というのがあります。例えば、「知る」という動詞を尊敬語に直すと、「お知りになる」ですが、この言葉、口にすると何だか笑ってしまいますね。ですから、これはもっぱら「ご存じである」という言い方をします。「お座りになる」も、**犬に言う「お座り」の響きが含まれる**ので、おさまりが悪いのです。お金に関わることも、直接的に言うのが憚《はばか》られるので、「買う」は「お求めになる」と直します。

ポイント

✔ **「お座り」という音の響きは居心地が悪いのです**

敬意が無駄になる
間違い敬語

3

✕ 山田部長様

◎ 山田部長／部長　山田様

「〜部長」は敬称です。その後にさらに「〜様」と敬称を付けると**二重になってしまいます**。「先生様」「先輩様」「博士様」なども同様です。また、「代表取締役社長　○○様」のように、**前に役職を書き、後ろに「様」付きで氏名を書くという方法もあります**。

なお、様々な人に対して一斉にメール送信する場合、「関係者各位」のように「〜各位」と付けることがありますが、これも敬称ですので、「各位様」とするのは誤りです。

ポイント

✔ **「〜部長」も敬称なので、「〜様」を付けると重複します**

✖ お客様のご自宅に、弊社の山田部長がお訪ねになります。

◎ お客様のお宅に、弊社部長の山田がお訪ねします（お訪ねいたします、お訪ね申し上げます）。

会社などの組織内で話す場合と、顧客や取引先と話す場合では、敬語の使い方が変わります。

外部の人と話すときには、**部長でも社長でも、身内の人間扱い**です。尊敬語は用いず、むしろ謙譲語を用います。敬称も付けませんので、苗字を呼び捨てにするのが基本です。役職を示す場合にも、「部長の○○」とし、「○○部長」とはしません。

ポイント

✔ **自社の人間は身内扱い。立場が上でも、敬ってはいけません**

✕ どうぞ皆様、ご自由に**いただいて**ください。

◎ どうぞ皆様、ご自由に召し上がってください。

「食べる」は尊敬語にすると「召し上がる」、謙譲語にすると「いただく」です。丁寧にしようという意識はあって、敬語を使おうとするのですが、その際にうっかり**尊敬語と謙譲語を取り違えてしまった**のが、「いただいてください」なのです。

ほかにも混同しやすい例を上げましょう。

「さすが田中様はいろいろと存じ上げていますね」という言い方も誤りです。「存じ上げる」という動詞は謙譲語ですので、「さすが田中様はいろいろとご存じですね」としなくてはなりません。

また、「順番に拝見してください」というのも、「順番にご覧になってください」としなくてはなりません。

「お客様はどちらの日程にいたしますか」も、「お客様は」が主語の文ですので、やはり尊敬語で「お客様はどちらの日程になさいますか」と言うべきです。

難しいのは、客に提供するものに関し、どちらにするか声をかけるときです。選ぶ相手の側を主語と見る場合、「どちらになさいますか」。提供する自分たち側を主語と見る場合、「どちらにいたしますか」。両方の言い方が成り立ちます。

ポイント

- **「食べる」の尊敬語は「召し上がる」、謙譲語は「いただく」**
- **尊敬語と謙譲語を混同しないようにしましょう**

×ご記入がお済みになったら、受付にお渡ししてください。

◎ご記入がお済みになったら、受付にお渡しになってください。

「言う→おっしゃる」のように、特別な変化をする動詞もありますが、この例文中の「済む」「渡す」には、そういう変化はありません。次のように変化させます。

・尊敬語：お（ご）～になる、（お・ご）～なさる、～（ら）れる
・謙譲語：お（ご）～する、お（ご）～申し上げる

この例文では、「渡す」も相手の動作であり、**尊敬語にしなくてはいけないのに、「お渡しし」となっています。これは「お～する」の形。謙譲語**です。

ポイント

✓「お（ご）～する」は謙譲語です

✕ お客様の申されました通りです。

◎ お客様のおっしゃいました通りです。

前項にも述べた通り、尊敬語に直す際、「お（ご）～になる」「（お・ご）～なさる」「～（ら）れる」を付けることもあります。「お話しになる」「お話しなさる」「話される」といった具合ですね。

この尊敬の助動詞「～（ら）れる」が、誤用につながることがあります。「申す」というのは謙譲語の動詞なのに、それに「～（ら）れる」を付けて、「申される」としてしまう人がいるのです。「～（ら）れる」を付けようが、あくまで**「申す」は謙譲語です。目上の人の動作に用いることはできません**。

例えば、「皆様、資料はもう拝見されましたか」というのも、「皆様」が動作主体である以上、尊敬語の動詞を使用しなくてはいけません。謙譲語「拝見する」を用いるのは誤りで、「もうご覧になりましたか」と言うべきです。
また、電話などで「○○様はおられますか」と言う人がいます。標準語では「おる」は謙譲語で、「その日、私はあいにくおりませんで」のように、自分や身内に使う動詞です。ですから「〜れる」を付けたとしても、尊敬語にはならないのです。「○○様はいらっしゃいますか」と言わなくてはなりません。

ポイント

- ✓ **「申す」は謙譲語です**
- ✓ **謙譲語に「〜れる」を付けても尊敬語にはなりません**

✕ お客様のご意見は必ず上長に申し上げます。

◎ お客様のご意見は必ず上長に申し伝えておきます。

自分が上長に伝えるという状況なので、自分側の動作に用いる謙譲語を使用したわけですが、どこか違和感のある表現ですね。この違和感は、「申し上げる」が「目上の人に話す」というニュアンスを含んだ謙譲語である点から生じています。

例えば、「担当者から詳細を申し上げます」という言い方は、おかしくありません。これは、担当者から客に言うからです。このように、客や目上の人間に言うときには「申し上げる」を使うのです。そうでない場合には、「上げる」を外し、単に「申す」と言います。自己紹介で、「吉田と申します」と名乗るときの「申す」です。

今回の例文では、**お客様の意見を伝える相手は、自社の上長です。身内ですから、外では敬ってはいけません。したがって、「申し上げる」は使えず、「申す」を使うべき**

なのです。

こうした謙譲語のことを特に「丁重語」と呼ぶこともあります。

丁重語にはほかに、ある場所に出かけることを丁重に言う「参る」があります。「参上する」「伺う」は、訪ねていく対象に対する敬意を含んだ謙譲語ですが、「参る」は、特にそうしたニュアンスを持っていません。ですから、「北海道に参上します」は奇妙に聞こえますが、「北海道に参ります」は自然です。

ポイント

✔ 身内に伝える場合は「申し伝える」という丁重語を使いましょう

✔「申し上げる」は、言葉を伝える相手への敬意を含んだ動詞です

目上相手には使えない言葉

目上の人に対しては、自分を下げて話すのが日本語のマナー。くれぐれも上から目線にならないよう、気を付けたいところです。

例えば、「○○さん、プレゼンお上手でいらっしゃいますね！」と声をかけるのはどうでしょうか。尊敬語も用いていますし、褒めているのですが、何だかふさわしくない感じがしませんか？

これは、「プレゼンが上手だ」と能力を評価する姿勢自体がＮＧなのです。能力を評価するというのは基本的に上から目線の印象を与えてしまうのです。

こうした、目上に対して言ってはいけない言葉遣いを集めました。

目上相手には
使えない言葉

1

× 今日はどうもご苦労様でした。

◎ 今日はありがとうございました。／お疲れ様でした。

「ご苦労」という言葉は、**上の人が下の人を「ご苦労（だった）！」とねぎらうときに使う**イメージが強いので、威圧的な印象があります。ですから、目下の人をねぎらうときに「ご苦労様（でした）」を使うのが一般的で、目上の人に「ご苦労様でした」と言った場合、相手に違和感を持たれる恐れがあります。

言葉の成り立ちとしては、「ご苦労様でした」と「お疲れ様でした」にはほぼ差はないはずなのですが、「お疲れ様でした」は目上の人相手でも許容されやすいようです。

ポイント

✔ **「ご苦労様」は、目上が目下をねぎらうイメージの強い表現です**

✖

突然のことでしたが、そつなくこなされましたね。

◎

突然のことでしたが、さすがでいらっしゃいました。

「そつ（が）ない」は「手落ちがない」という意味で、褒め言葉ではあるのですが、

・無難に（＝この上なく素晴らしいというほどではない）

・小器用《こぎよう》に（＝真に実力があるわけではないが、上手に乗り切った）

という語感が伴っています。**実力を認めて絶賛する表現ではない**ので、目上の人に対してはは使いにくいでしょう。近い意味の「如才《じょさい》ない」も、目上を褒めるのには使わないほうが良いでしょう。

ポイント

✔ **「そつなく」と言われても、相手は褒められた気がしません**

目上相手には
使えない言葉

3

✖ 今日はお礼の席なので、私に奢らせてください。

◎ 今日はお礼の席なので、私に持たせてください。

「奢る」はもともと、人よりも良い状態にあることを得意気に思うという動詞です。「驕《おご》る」という漢字変換もあることを思い出すと、イメージが湧きますね。ですから、「奢る」は、調子に乗っているという否定的な意味合いを根幹に持つ言葉なのです。

お金があることを誇示して他人に飲食をふるまうところから、いまの「奢る」の使い方も生まれています。そういうルーツを知ると、目上に対しては言わないほうが良いことが分かります。

ポイント

✔ **「奢る」は驕った印象を与えかねません**

✕ 異動先でも頑張ってくださいね。

◎ 異動先でも一層のご活躍をお祈りしております。

「頑張れ」という言葉は、「努力しろ」という意味です。「現段階ではあまり努力をしていないのだから、今後、努力するように」という趣旨に聞こえかねません。

また、目上の人に対し、目下の側が行動を決め、指図するようなことを言うのはそもそも失礼に当たります。頑張るも頑張らないも目上の人の勝手であり、目下の人間が「頑張れ」のように声をかけるべきではないのです。応援する気持ちを伝えたり、前途の幸運を祈ったりする程度に留めましょう。

ポイント

✔ 激励は基本的に上から下にするものです

✖ **先輩の生き様に憧れます。**

◎ **先輩の生き方に憧れます。**

「生き様」の由来には諸説あるのですが、基本的には、「死に様」の連想から言われるようになった言葉だと見られます。「死に様」は平安時代から使われていますが、「生き様」の用例が出てくるのは、昭和に入った頃から。そのため、「生き様」という語を使うことに違和感を抱く人がいるのです。中には「様《ざま》を見ろ」（ざまぁ見やがれ）の「様《ざま》」を連想し、**ネガティブなイメージ**を持つケースもあるとか。自分の人生を自嘲的に言う分には問題ないでしょうが、目上に使うのは避けましょう。

ポイント

✔ **「生き様」を、見下した、ネガティブな言い方だと感じる人もいます**

✕ 取り急ぎ、ご報告まで。

◎ まずはご報告のみにて失礼いたします。

「取り急ぎ」は、本来守るべき作法や説明を省略し、大急ぎで用件だけを伝える様子を表す言葉です。例えば、トラブルが発生した場合には、先日のお礼などをくどくど書いている暇はありません。少々不義理でも迅速に報告する必要があり、単刀直入に用件を書きます。そして、締めくくりに「取り急ぎ、ご報告まで」と書くのです。

親しい先輩や同僚にはそれで十分ですが、**目上の方、取引先の方には、丁寧に「まずは〜申し上げます」「〜のみにて失礼いたします」**と書くほうが良いでしょう。

ポイント

✓ **目上に対しては、省略しないで丁寧な言い方を**

しゃべり言葉のままのメール

現代では、公私どちらも、主たる連絡手段はメールやSNSのメッセージ機能になりました。短文やスタンプでやり取りするSNS、チャット型のツールでは、くだけた言葉で気軽に交流を楽しむことも多いでしょう。ただ、それらも含め、あくまで書き言葉のコミュニケーションである点は気に留めておきましょう。

会話とは異なり、メールやSNSのメッセージは記録に残ります。ビジネス上のやり取り、目上の人とのやり取りでは、書き言葉であることを意識し、正確に言葉を使うべきです。くだけた表現や略語などは避けたほうが良いでしょう。「ら抜き言葉」などの文法ミスも、書き言葉では会話以上に目立ちます。

次のメールには、
不適切な箇所が10箇所あります。
指摘し、正しく改めましょう。

株式会社○○　制作部 山田部長様

お世話様です。
◇◇デザインの田中です。

さっきのMTGの議事録を作成しました。
添付してますので、
ご確認お願いいたします。

次回は30日14時のほうで、
よろしかったでしょうか？
あんまり長引かせてもと思いますので、
次回で大筋は決めちゃおうかと！

引き続きよろしくお願いいたします。

◇◇デザイン　田中
@***.co.jp

NG箇所はここ！

1

株式会社○○　制作部 山田部長様

2

お世話様です。

◇◇デザインの田中です。

3　4

さっきのMTGの議事録を作成しました。

添付してますので、5

ご確認お願いいたします。

6

次回は30日14時のほうで、

よろしかったでしょうか？7

8 あんまり長引かせてもと思いますので、

次回で大筋は決めちゃおうかと！

9　10

引き続きよろしくお願いいたします。

◇◇デザイン　田中

@***.co.jp

NG箇所の解説

1 ×制作部 山田部長様　◯制作部 山田部長

「部長」も敬称の一種です。ここに「様」を付けると、**敬称が重複**します。部長である旨を示しつつ、「様」と付けたい場合には「制作部部長　山田様」という書き方もあります。

2 ×お世話様です　◯お世話になっております

「お世話様です」は「お世話になっております」などを短く略した挨拶です。**省略した言い方は失礼**な印象を与えかねません。

3 ×さっきの　◯先程の

カジュアルな言葉は、書き言葉では置き換えたほうが良いでしょう。ほかにも以下のような間違いがあります。

×あっち　◯あちら
×そんなに　◯それほど

4 ×MTG　◯ミーティング／打ち合わせ

社外の人とのやり取りする場合には、**略称を使うのは避けたほうが良い**でしょう。顔を合わせて話しているときには許される略称なども、メールなどの書き言葉では避けるのが賢明です。

5 ×添付してますので　◯添付しております（しています）ので

「添付する」に「おります」「います」を付けるときには、「添付しております」「添付しています」のようにすべきです。「添付してます」と書かれ、**「お」や「い」が抜けると、口語的なくだけた文章に見えます。**

6 ×30日14時のほうで　○30日14時で

これは口頭でのやり取りにも言えることですが、**不必要な「ほう（方）」は省きましょう。**「AとBでは、Aのほうが良いということでしょうか」のように、比較であれば付けても構いません。

7 ×よろしかったでしょうか　○よろしいでしょうか

過去のことを尋ねているわけではなく、いまの考えを尋ねているのですから、**過去の助動詞「〜た」は不要**です。

8 ×あんまり　○あまり

9 ×決めちゃおう　○決めてしまおう

どちらも、**書き言葉にはなじまない、くだけた言葉遣い**です。ほかにも以下のような言葉遣いには気を付けたいところです。

×いっぱい	○多く、大勢
×たぶん	○おそらく
×それじゃ（あ）	○それでは
×やっといた	○やっておいた
×言えるんです	○言えるのです

10 ×かと！　○考えております。

親しい間柄なら使うこともあるかもしれませんが、**「！」はくだけた印象**です。文を最後まで書き切らずに途中で切っている点もくだけて見えます。

コラム

なぜ「敬語」を間違えて覚えてしまうのか

敬語を身に付けるのは、多くの場合、部活動やアルバイト、就職活動などを通してです。その場合、敬語の原理を体系立てて学ぶというよりは、それぞれの場面で決まり文句となっているフレーズを体得していきます。「どうしてこう言うのかは分からないけれど、こういう風に言うものなんだな」と呑み込んでいくわけです。

よく耳にする言葉であっても、実は敬語の原理と矛盾しているという表現も多くあるのですが、それも周りの真似をしながら身に付けてしまうのですね（体育会系の「〜っす」という言い方がその典型例です）。その結果、本人はきちんと敬語を使っているつもりでも、周囲に不快感を抱かせてしまっている場合があるのです。もったいないことです。

『源氏物語』など、古文には驚くほど敬語が登場します。それは、皇族や貴族など敬うべき人が無数に出てくるからです。現代の日本には、古文の時代のような身分制はありません。会社や学校でも、上下関係を良しとしないことも増えてきました。敬語が身に付きにくい原因には、そうした社会の変化もあるのでしょう。

第四章

『信用できない人』と思われる日本語

若者言葉が残っていたり、
おべっかのような過剰敬語を使っていたりすると、
信用できない、
あやしい印象を与えてしまいます。
カタカナ語や難しい熟語も、
使い過ぎるのは相手に不親切です。

幼く見られる若者言葉

スピーチなどのあらたまった機会には、細部まで練りに練った原稿を用意できるかもしれません。しかし、日頃の発言はそこまで準備をすることができません。

臨機応変に話さなくてはいけない場面では、あなたの素の言葉遣いが出てしまいます。自然に使う言葉の中に、くだけた語彙、乱れた語尾など、若者言葉が残ってしまっていませんか？

初対面の場合、ちょっとした言葉の端々で、知性や品性を判断されてしまうこともあります。普段の発言の中に、本項で紹介するような若者言葉が交じっていないか、振り返ってみてください。年齢とともに、言葉遣いも成熟させたいですね。

✖ 価格ではA社に勝てないじゃないですか。

◎ 価格では、A社に勝てないように思います（勝てないと思いませんか）。

「じゃ」という音はカジュアルに聞こえます。あらたまった場面であれば、「では」に置き換えます。例えば、「それじゃ」は「それでは」とします。

また、「～じゃないですか」という話し方は、**当然のように相手に同意を求める言い方**なので、押し付けがましく感じられます。自身の意見として述べる言い方か、相手の意見を尋ねる言い方に改めたほうが良いでしょう。特に「私（自分）って〇〇じゃないですかー」という話し方は、相手を苛立たせやすいので注意してください。

ポイント

✔ **「～じゃないですか」は押し付けがましく、相手をイラッとさせます**

✕ 届いていないんですけど。

◎ 届いていないのですが、どうなっているでしょうか。

若い人はあいまいさを好み、文末まではっきり言おうとしない傾向があります。

「それはちょっと……（嫌なんです）」

「その日はどうも……（都合が付かないのです）」

どちらも（　）の中まで言いたくないのでしょう。**途中で止め、誤魔化しています。**

気になるのは、苦情や問い合わせに際し、「〜ですけど」と止める言い方です。「〜ですけど、ご確認いただけませんか」など、**要望や疑問を明確に伝えましょう。**

ポイント

✓ **逆接で終わるのは、中途半端な文です。最後まで言い切りましょう**

×ぶっちゃけ、今期、目標達成は難しいと思います。

○率直に言って、今期、目標達成は難しいと思います。

「ぶっちゃけ」は、くだけた若者言葉です。会話の中で使ってしまうと、知的な感じはしませんし、**少し低俗で下品な印象**を与えてしまいます。

「率直に言うと」「本音では」「正直に申し上げて」「ありていに言えば」など、上品な言い方に改めましょう。

ほかにも、「マジで」「ガチで」「リアルに」「無茶振り」「ウケる」「ヤバい」「ドヤ顔」「っていうか」「それな」「からの」などの若者言葉にも注意しましょう。

ポイント

✔ **くだけた言葉を使うと信用を失いかねません**

× 来年、あの女優が来ると思います。

◎ 来年あたりには、あの女優が人気になると思います。

打ち解けたメンバーでの打ち合わせでは許されても、あらたまった場や書き言葉では使えない言葉遣いです。

優れた人や技術などを讃えるときに「神」と言ったり、自分の支持する人や作品に関して「尊い」「推《お》せる」などと言ったりするのも、一種のスラングのようなものです。**仲間内でしか通じないような言葉遣いは避け**、年配の方も含め、誰にでも通じる言葉を選びましょう。

ポイント

✓ **「来る」を「人気が出る」「流行《はや》る」の意味で使うのは避けましょう**

✕ ここ数年、コミュ障の新人が増えている気がする。

◎ ここ数年、コミュニケーションの苦手な新人が増えている気がする。

インターネット上や仲間内では多用されていても、**あらたまった場で用いるには不適切な言葉**があります。以下に挙げた言葉も使わないほうが良いでしょう。

・情弱……情報弱者。情報の検索・収集などの能力に欠ける人。
・胸熱……胸が熱くなること。興奮したり感激したりする様子。
・誰得……いったい誰が得するのか、いや、誰も得しない。派生語に「俺得」。
・詰んだ……将棋の「詰み」から。望みが絶たれた、追い詰められた状況。

ポイント

✓「コミュ障」は公に認められた日本語とは言えません

✕ 旅行中にちょっと事故ってね。

◎ 旅行中にちょっと事故を起こして（事故に遭って）しまってね。

日本語では次々と新しい言葉が作られますが、その代表格が名詞や擬態語・擬声語を動詞化した言葉です。「拒否る」「事故る」「きょどる」（挙動不審になる）など、枚挙にいとまがありません。「愚痴る」のように、広く使われているうちに認められてきた言葉もありますが、書き言葉などでは避けたほうが安心です。

特に「ポシャる」「じわる」のような、擬態語・擬声語から作られた動詞はくだけた印象が強いです。

ポイント

✓ **名詞を不自然に動詞化した言葉はくだけた印象を与えます**

✕ さすがに、ディスり過ぎですよ。

○ さすがに、批判を言い過ぎですよ(無礼が過ぎますよ)。

「ディスる」は、英語の“disrespect”（尊敬しない、見下す）という言葉の「ディス」を動詞化した言葉です。失礼な態度を取ったり、批判したりすることをいいます。

「パニクる」（困惑する）、「タクる」（タクシーに乗る）、「チキる」（怖気づく）、「エモい」（心が揺さぶられる）、「アピる」（自身が目立つようにする、主張する）など、**英語（カタカナ語）を強引に動詞化・形容詞化した言葉**は多くありますが、いずれも書き言葉として目にすると違和感のあるものです。

ポイント

✔ **英語を強引に日本語化した言葉は、若者言葉の代表格です**

✕ 何気にすごいことですよね。

◎ 実はすごいことですよね。

「何気ない」という言葉の「ない」が取れてできた言葉が「何気」です。「何気に」という形で「何気なく」と同じ意味を表します。「さりげに」も同様に、「さりげない」から副詞化したもの。どちらもまだ、**正式な言い方とは認められていません**。

また、「何気に」「さりげに」は、例文のように「何気なく存在しているけれど、実はすごいことだ」と驚くときにも使われます。その意味のときには「実は」「本当は」に置き換えたほうが分かりやすいのです。

ポイント

✓ **「何気」は「何気なく」か、意味を重視して「実は」と置き換えましょう**

丁寧過ぎる過剰敬語

相手を尊重し、敬語を使うことは大切ですが、気を遣い過ぎて敬語が過剰になってしまっている場合があります。

例えば、「いらっしゃる」という尊敬語の動詞に、尊敬の助動詞「～れる」を重ね、「いらっしゃられる」とするのはやり過ぎです。尊敬語や謙譲語は二回重ねて使わないのです。また、関係性や場の雰囲気にそぐわない、丁重過ぎる言葉遣いも考えものです。卑屈な印象を与えたり、相手に媚びているように思われたりして、かえって印象が悪くなることもあります。

本項で過剰敬語の例を知り、ちょうど良い敬語を使えるようになりましょう。

✖ **こちらの絵、ご自分でお描きになられたんですか。**

◎ **こちらの絵、ご自分でお描きになったんですか(描かれたんですか)。**

例文は「お〜になる」という尊敬表現を使った上、「〜れる」という尊敬の助動詞も用いていますね。現代語では、**尊敬表現を二重に用いてはいけません**。それは、過剰敬語といわれる、文法ミスなのです。

どちらかだけを使用し、「お描きになる」「描かれる」とすれば十分です。「描きなさる」でも構いません。

なお、尊敬語の後に丁寧語(〜ます、です)を付けるのは問題ありません。

ポイント

✔ **尊敬語は一回で十分です**

× 何とおっしゃられましたか？

○ 何とおっしゃいましたか（言われましたか）？

前の項目でも述べた通り、現代語では二重敬語は認められていません。**「言う」を「おっしゃる」に改めれば、それで十分に尊敬語になっています**から、「おっしゃられる」「おっしゃりなさる」など、さらに敬語を付ける言い方は不適切です。「おっしゃる」だけか、「言われる」だけか、どちらかでいいのです。

なお、「言われる」だと、尊敬なのか受身なのかが分からないことがありますので、「おっしゃる」と言ったほうが伝わりやすいでしょう。

こうした間違いは多くの人がやってしまいがちです。以下に代表的な例を挙げますので、チェックしてみましょう。

◆やってしまいがちな尊敬語の二重（三重）敬語の例

・お召し上がりになる（お召し上がりになられる、召し上がられる）
・おっしゃられる
・お越しになられる
・ご覧になられる
・お納めになられる

ポイント

✔「おっしゃる」と「〜れる」を重ねて使うのは二重敬語でNGです
✔「おっしゃる」のような、特別な動詞に改めれば十分です

× まず私から拝見し申し上げます。

◎ まず私から拝見します。

例えば「渡す」という動詞を謙譲語にする場合、「お渡しする」が一般的ですが、「お渡し申し上げる」と言うこともあります。「(お〈ご〉)〜申し上げる」という形で、動詞を謙譲語にすることもできるのです。もちろん、「借りる」→「拝借する」、「もらう」→「いただく」「頂戴する」のように、特別な動詞があれば、それに改めます。

今回の「拝見し申し上げる」は、**「拝見する」という特別な動詞に加え、「〜申し上げる」という語尾を付けています**。謙譲語が重なっているので、誤りなのです。

ポイント

✓ **謙譲語も二重にすると、過剰に感じられます**

✕ 本日はご高説を拝聴し、恐悦至極に存じます。

◎ 本日は貴重なお話をありがとうございました。

あらたまった挨拶をしようと張り切って準備をした結果、硬過ぎる挨拶をしてしまう人がいます。**身の丈に合わない表現は違和感を招くだけ**です。口頭でお礼を言うのであれば、心を込めて「本日は貴重なお話をありがとうございました」と言えば、敬意や感謝は十分に伝わるはずです。

ただ、格調高い儀礼の場、ご高齢の方に送る手紙などでは、例文のような言葉遣いでも違和感なく伝わるでしょう。

ポイント

✓ **硬すぎる挨拶は違和感を招きます**

✕ 先日、私の父も還暦を迎えさせていただきました。

◎ 先日、私の父も還暦を迎えました。

謙譲語のつもりで、何にでも「〜（さ）せていただく」と付ける人がいますが、これは**本来、相手に許しをもらって行動する際に用いる言い方**です。「ちょっと窓を開けさせていただきます」はおかしくないのですが、父が還暦を迎えるというのは、別に人の許可を得て行うことではありませんね。ですから、違和感が生じるのです。

なお、直接的に助けてもらったのでなくても、日頃から世話になっている気持ちをにじませたいという場合には、先に「おかげさまで」と付けると良いでしょう。

ポイント

✓「させていただく」は相手に許しをもらって行動する際に用いる言葉です

✕ お車が故障なさったそうで。

◎ お車が故障したそうで。

動詞を尊敬語にする場合、その動詞の動作主を敬っています。この文の場合、「故障する」の動作主は「お車」です。いくら、**目上の人の車だとしても、車の動作を敬った言い方にするのはやり過ぎ**です。相手の車を「お車」と言った段階で、敬意は示せていますので、「お車が故障したそうで」で十分です。

同様の理由で、「皆様、おそろいになっていますか？」はOKでも、「ご注文の品はおそろいになっていますか？」はやり過ぎです。

ポイント

✓ **人は敬っても、その人の物まで崇めないようにしましょう**

不必要なカタカナ語

ビジネス上のやり取りでは、カタカナ用語も多数登場します。意味を知らないと、会話が噛み合わないこともありますので、調べたり覚えたりする努力も必要です。

ただ、業界や会社の中で当たり前に使われているカタカナ語を使うのはいいのですが、何でもかんでもカタカナ語にするのは考えものです。業界や職種の異なる人、年齢層の違う人などと話すときには特にご注意を。カタカナ用語を内輪的に連発すると顰蹙《ひんしゅく》を買います。

本項では、その言葉を使わない人から見ると、煩わしく感じられてしまいそうなカタカナ語を集めました。

✕ バッファでもう一週間見ておきませんか。

○ 念のため、もう一週間余裕を見ておきませんか。

「バッファ」というのはもともと、衝撃を吸収し、やわらげるための緩衝材のことです。それが転じて、仕事の進行が遅れたとしても、そのダメージを吸収できるような、時間的・人員的余裕のことをいうビジネス用語になりました。

業界によって、使う人たちはよく使い、使わない人はまったく使わないカタカナ用語です。そうした用語を使いこなす自分を格好良いと思うのは、子ども。**相手には分からないかもしれないと思ったら控えるのが、大人**です。

ポイント

✓ 通じないかもしれないカタカナ語は使わないのが、大人の品格です

✕ 大筋アグリーです。

◎ 基本的には賛成です。

社内公用語が英語になっている会社であれば、打ち合わせ中に"I agree."が出てくるのは当然の話です。ここで問題にしたいのは、カタカナ語の「アグリー」です。英語を使うこともある、というぐらいの会社や、比較的新しい業界などで、こうした表現が見られるようです。

そうではない業界・会社の方や、年配の方には、**呆れられてしまう**と考えたほうが良いでしょう。

ポイント

✓ **特別なニュアンスや語感が不要であれば、カタカナ語は避けましょう**

✕ その問題って、クリティカルなの？

◎ その問題って、致命的なものなの？

「クリティカル」(critical) には、「クリティカルヒット」と使われるように、致命的な、決定的な、という意味があります。"criticize"(批判する) の派生語ですから、批判的な、という意味もあり、課題を客観的に検討・検証する姿勢を意味することもあります。

どちらのニュアンスにせよ、**十分日本語で言い換えられる**範囲ですので、無理にカタカナ語で言うのはやめましょう。

ポイント

✔ **「クリティカル」は、「致命的な」「重大な」で十分語感は通じます**

✖ 打ち合わせの日程は十三日でフィックス？

◎ 打ち合わせの日程は十三日で確定でしょうか。

「フィックス」(fix) は、固定する、取り付けるという意味の英単語です。ビジネスでは、日程や方針などが最終確定したことを言うのに使われることが多いです。
なお、まだ決定せずに判断保留のままにしておくことは「ペンディング」(宙ぶらりんの状態を表す英単語)、一度決まった日程をいったん白紙に戻すことは「リスケ」(リスケジュールの略) と言いますが、いずれも、**あまり感心する言葉遣いではありません**ね。

ポイント

✔ 顧客や取引先を相手に「フィックス」は使わないほうが良いでしょう

× それって○○さんマターだよね?

◎ それは、○○さんが責任者の案件だよね?

元になったのは"matter"という英単語で、事柄、問題、困ったことなどの意味です。英語でも"This crime is a matter for the police."(この犯罪は警察が扱う問題だ)というような使い方があるのですが、日本のビジネス会話では独自に、**一種の和製英語**として発展しています。

「○○さんマター」「部長マター」など、人名や役職などの後に付くことで、その人が管理・担当しなくてはいけない問題だ、という意味になります。

ポイント

✔ **「マター」は「責任者」「担当」で十分伝えられます**

不必要なカタカナ語　6

✕

値段が違うだけで、ニアリーイコールだよね。

◎

値段が違うだけで、だいたい同じだよね。

典型的な「英語（カタカナ語）で言わなくても……」という表現です。「ほぼ同じ」「ほとんど一緒」「おおむね一致している」「わずかしか違わない」など、日本語でも様々な言い方ができます。

ほかにも「プライオリティ」（優先順位）、「エクスキューズ」（言い訳）、「ネゴシエーション」（交渉）など、**日本語のほうが簡潔に言えることをカタカナ語にしてしまっている例**があります。あなたもセルフチェック、もとい自己点検を。

ポイント

✓ **日本語のほうが簡潔に言えるのだから、カタカナ語を使わなくても**

硬すぎるお役所言葉

知的な文章を書こうとして、むやみに難しい熟語を使っていませんか？「返します」と言えばいいのに、「返戻《へんれい》します」などと言っていないでしょうか。

語彙力を高めるのは良いことですが、高度な熟語を使い過ぎると、耳で聞いただけでは分からない発言、読む気の失われる文章に陥ってしまいます。

難解な表現は「お役所言葉」といわれることもありますが、実は、当のお役所でも、住民に分かりやすいよう文章を改める取り組みが始まっています。聞き手、読み手に親切な言葉遣いを心がけましょう。

硬すぎるお役所言葉 1

認識に齟齬《そご》や誤謬《ごびゅう》があってはいけない。

認識にずれや間違いがあってはいけない。

共同通信社の出している『記者ハンドブック』という本があります。新聞ではどのような用語・漢字を使うのかの目安を示した本です。「誤謬」は「誤り」と直して表記することが推奨されていますし、『NHK新用字用語辞典』でも同様です。「誤謬」は一般的に通じる言葉だとは言いがたいのですね。

こうした語でも読めるよう勉強するに越したことはありませんが、自分が文章を書く場合には、**類語で置き換えたほうが親切**です。

ポイント

✔ **記者ハンドブックなどを参考にし、一般的ではない語は使わないのが安全**

✕ 人材確保が喫緊の課題です。

◎ 人材確保が、緊急かつ重大な課題です。

「緊」の字が含まれている通り、「喫緊」は緊急性を表す言葉です。「喫緊の課題」は、至急解決しなくてはならない重大な問題のことです。政治家の発言や、政治関係の報道などでよく使われる熟語です。

事態の深刻性を強調するために、あえて「喫緊」という硬い表現が選ばれることもあります。ただ、ビジネスや日常の会話では、**内容が伝わることを重視して、別の語に置き換えたほうが良い**でしょう。

ポイント

✓ **耳慣れない言葉は、身近な語に置き換えましょう**

硬すぎる
お役所言葉　3

✕ 従前の手法は通用しないことが分かった。

○ これまでの手法は通用しないことが分かった。

「従」という字には「従《よ》り」という読み方もあり、「前より」「前から」という意味です。この言葉を使わなくても色々な言い方ができます。同じ「従」を使うにしても、「従来」のほうが多くの人になじみがあるでしょう。

漢語を和語に改めるなど、易しく理解しやすい表現にすることを「ひらく」といいます。文章では、「漢字：ひらがな＝3：7」程度が読みやすいようです。**読み手が受け取りやすいよう、文章を「ひらく」**ことを心がけましょう。

ポイント

✓ **熟語でなくてもいいことは「ひらく」ことを意識しましょう**

×

一方が契約に違反した場合、他方は当該違反に対する救済を裁判所に請求できる。

◎

一方が契約に違反した場合、他方はその違反に対する救済を裁判所に請求できる。

「当該」は「該当」と同じ漢字の組み合わせですが、「該当」には「該当する」という使い方があるのに対し、「当該」は「当該する」という言い方はしません。こちらは、「当該事案」「当該物件」のように名詞に接続します。「いま、話題にしている」「それに当たる」「それを担当する」などの意味です。

客からの問い合わせに対し、「当該製品は」「当該部署からお答えします」などと言うケースが見られますが、どちらも**「その製品は」「担当部署から」で十分**ですね。

ポイント

✓ **「当該」は「その」「担当の」を硬い言葉で表したものです**

硬すぎる
お役所言葉

5

✕ **遺漏《いろう》なきよう記入されたい。**

◎ **漏れのないよう記入してもらいたい。**

「やり遺《のこ》し」と「漏れ」を合わせて「遺漏」です。行為や仕事に抜けや漏れのあることを意味します。自身の研究・調査に関し、「遺漏もあるかと思うが」と謙遜する用法もありますが、「遺漏なく」「遺漏なきよう」と注意する使い方のほうが多いです。「きちんとしてくれ」ということですが、言葉が硬い分、高圧的で厳しい感じがします。「懈怠《けたい》」（すべきことを怠る）や「疎漏《そろう》（粗漏）」（おろそかで手抜かりがある）も知っておきたい熟語ですが、自分が文章を書く際には易しい言葉に直しましょう。

ポイント

✔ **必要以上に熟語を用いると、高圧的な印象を与えます**

× 水曜は残業禁止とする。マネージャーは**この限りではない**。

◎ **水曜は残業禁止とする。マネージャーは例外とする。**

熟語以外にも、お役所的な表現はあります。自社内では慣用的に使われている表現だとしても、もっと**一般的で、分かりやすい表現があるなら、改める**ほうが得策です。

ほかにも、以下のような表現は改めた方が良いでしょう。

・厳に慎む↓絶対にしない
・利用に供する↓利用してもらう
・○○の定めるところにより↓○○に基づき

ポイント

✔ **法的な書類や手続書類の硬い表現は、日常的な文章では避けましょう**

コラム

「正しい日本語」は時代とともに変わる？

日本語の乱れというと、よく「ら抜き言葉」が槍玉に挙げられますが、人によっては「食べれない」「捨てれる」などのら抜きにも違和感を持たないこともあるようです。

何を変だと感じ、何を許容したり自然に思ったりするかは、時代によって変わります。実は、「すごいです」「美しいです」のように、形容詞の終止形に助動詞「です」を直接つなげるのは、文法上おかしいつなげ方です。「です」は本来、名詞やそれに準じる語にしかつながらないのです。しかし、そうした言い方は一般化し、現代では違和感を覚える人も少ないことでしょう。

また、言葉の意味も使われている中で変わっていきます。

- 姑息　【元】一時の間に合わせ→【今】ずるい、卑怯な
- こだわる　【元】細かいことを必要以上に気にする→【今】妥協せず細部まで追究する
- 白羽の矢が立つ　【元】犠牲者として選ばれる→【今】名誉な役割に選ばれる

このように、日本語の使われ方は、時代とともに変化していくのです。

第五章

『浅い人』と思われる日本語

単語や言い回しの引き出しが豊富であれば、
状況に合う適切な言葉を
選び出すことができます。
その反対は――？
すごーい、すごーい、
と同じ言葉ばかり繰り返しては、
「浅い」、「嘘くさい」としか思われかねません。

不誠実なお世辞

相手との距離を縮めるための有効なアプローチに、「褒める」があります。相手の業績、仕事に対する姿勢、人柄、装いなどの優れた点に気付き、それを的確に褒めることができれば、相手も気分が良いものでしょう。

しかし、それが見え透いたお世辞であれば、かえって逆効果になることもあり得ます。心にもないことをペラペラしゃべるのは軽薄に聞こえ、信用されません。褒めれば褒めるほど、相手の心は冷え込んでいく、という展開にもなりかねません。

ここでは、いかにもお世辞だと感じられる、不誠実な話し方を集めました。お世辞を避け、的確な褒め言葉を目指しましょう。

不誠実なお世辞 1

✕ なるほどですね。本当、おっしゃる通りです。

◎ ごもっともです。

関係を築く上で重要なのが、話の聞き方です。頷いてくれたり、あいづちを打ってくれたりすると、話は盛り上がります。江戸時代の遊里には、幇間《ほうかん》（太鼓持ち）という、客に合いの手などを入れて酒宴を盛り上げる職業の人がいたほどです。お酒も大いに入っていますし、幇間がおだてて乗せれば、気分が良くなってどんどんお金を使ったのでしょうね。

ただ、接待も減りつつある今日、多くのコミュニケーションはお酒抜き。冷静な頭に、**「なるほどですね」を連発されると、白々しく感じられてしまいます**。「本当」や「ホントに」「確かに」などの程度を強調する言葉も、重なってくると、真実味がなくなってきます。

あいづちが多くなくても、頷いていたり、表情が変化していたりすれば、十分に話を聞いてもらえている感じがします。あいづちの数よりも重要なのは、話が噛み合って議論が深まっていくことです。それができているなら、ひと通り話がまとまったところで、シンプルにあいづちを打つだけでもいいのです。「と言いますと?」「それでどうなったんですか?」など、話を深めたり進めたりするあいづちが使えると良いでしょう。

ポイント

- ✓ **同調する言葉が多すぎると、嘘に感じられます**
- ✓ **短く、シンプルに。頷きや表情で補いましょう**

不誠実なお世辞

2

✖ **そうなんですね、知らなかった。すごいなぁ。**

◎ **さようでございましたか。**

相手を気持ちよくさせる**「あいづちのさしすせそ」**があります。

さすが！　知らなかった！　すごい！　センス良い！　そうなんだ！

この五つ、覚えておくと便利なのですが、**重ね過ぎると嘘くさくなってきます**。ここぞ、というところで使いましょう。

そして、大人としては、「そうなんですね」の上品な言い方である、「さようでございますか（ございましたか）」も知っておきましょう。

ポイント

✔ **感心するのもほどほどにしましょう**

不誠実なお世辞 3

✕ Aさんなら、こんなの朝飯前ですよね。

◎ Aさんなら、こちらはすぐにでも終わるかと存じます。

朝食前はお腹が空いていますし、時間もありません。それでも簡単にできてしまうことを「朝飯前」というわけですが、こうした慣用表現は、**大げさに聞こえる**場合があります。似た意味の「赤子の手をひねるようなもの」「余裕しゃくしゃく」「お茶の子さいさい」も、日常的な会話で突然出てくると、少々やり過ぎという感じがします。慣用句でなくとも、「やはり天才ですね」「天性の資質なんですかね」「神業《かみわざ》ですね」なども大げさに聞こえ、嘘くさく思われるでしょう。

ポイント

✓ **大げさな言葉を使うとお世辞に感じられます**

不誠実なお世辞　4

✕ そのアイデア、天才ですね。

◎ そのアイデア、面白いですね。

褒め言葉は具体的であるほど、リアリティがあります。**漠然とした言い方だと、心がこもっていないように聞こえます**。

やってしまいがちなのが、ちょっとした行為を見てすぐに人格全体を褒めること。言われて嬉しい人も多いかと思いますが、冷静な人、警戒心の強い人には、そうした褒め方は通用しません。大げさで白々しく聞こえてしまうのです。

褒めるときは的確にしぼって伝えましょう。

ポイント

✓ **物なら物、事なら事。範囲をしぼって言うほどリアリティが出ます**

不誠実なお世辞

5

× 私には無理です。

◎ なかなかできることではありませんよね。

昔、ある方への取材で、「さすがですね。私にはできません」と言って、相手を不快にさせてしまったことがあります。褒めたつもりだったのですが、「当たり前だ！こっちは何年やってると思ってるんだ！」と叱られてしまいました。自分が何年もかけて習得したことであり、素人のお前にできるはずないだろう、というわけです。

その道のプロと、**自分（素人）を比較して述べるのは、そのこと自体が失礼に当たる**ことがあるわけですね。

ポイント

✔ **相手と自分を比較した褒め言葉には気を付けましょう**

不誠実な
お世辞

6

× 玉稿は確かに拝受いたしました。

◎ 貴稿は確かに受け取りました。

もしこれが、大作家先生の長編小説の原稿を受け取った、新人編集者が言った言葉なら、おかしくないかもしれません。しかし、社内の人間同士のやり取りで、社内報に載せる短いコメント文を受け取った、という状況だとしたら、丁寧すぎてむしろ変な文になってしまっていると言えるでしょう。

「玉稿」「拝受」のような、**見慣れない敬語が使われると、過剰な、おべっかのように感じられる**場合があるのです。

ポイント

✔ **相手との関係性を考えて、ちょうど良い表現を選びましょう**

気持ちが伝わらない感想

例えば、オススメのお店や場所に知人・友人を連れて行ったとき、「どうだった？」と尋ねて、感想が「本当に良かったです！」の一言だけだったら、どうでしょうか。「わざわざ連れて行ったのに、それだけか」とがっかりしてしまうのではないでしょうか。

こういう場合は、できるだけ具体的に感想を伝えることができると好印象です。どこが良かったか、どう良かったか、細部にまで注目して言ってみましょう。感想の量や熱意は、感謝や尊敬の気持ちを相手に伝えます。

万一思い付かない場合には、せめて連れてきた相手に対する感謝を伝えると良いですね。

気持ちが
伝わらない
感想

1

×

こんな高いものご馳走になっちゃって……。

◎

このような素晴らしいお食事を、すっかりご馳走になってしまい、恐れ入ります。

値段の話に触れるのは下品なので、避けましょう。代わりに、お食事のおいしさや、お店の人の心尽くしのもてなしに言及します（もちろん、高額なものを奢ったことに感謝して欲しいという雰囲気の人には、言ってあげましょう）。

「ご馳走になる」に**「すっかり」を付けると、全額払ってくれた相手の気前の良さが強調されます**。また、「思いがけず」を付けると、最初から払わせる気ではなかった、というニュアンスを付加することができます。

ポイント

✔ **値段の話はNG。「すっかり」で相手の懐の広さを表現します**

✕ ○○さんのお話、役に立ちそうです。

◎ 貴重なお話をありがとうございました。さっそく○○してみたいと存じます。

良し悪しを評価するのは、どうしても上から目線の言い方になってしまいます。ポジティブな評価であっても、面と向かって相手に伝える場合、言い方に気を付けなくては、失礼に聞こえてしまいます。評価でなく、感謝を伝えましょう。

この場合、「勉強させていただきました」のように言うのも良いのですが、本当に参考になったのであれば、すぐに実践するはずですね。話の中にあったことから、具体的にいくつかを取り上げ、さっそく実践する旨を伝えると良いでしょう。

ポイント

✓ **上から目線で評価する言い方にならないように**

気持ちが
伝わらない
感想

3

✖ 部長のお話、感心しました。

◎ 部長のお話、感銘を受けました。

「感心する」は、優れたものを見て心動かされることです。この語の意味自体は良いのですが、実際に使われる場面はどうでしょうか。**子どもや部下が何かを成功させたときに、「感心したよ！」と褒めている**場面が浮かびませんか。あるいは、「あいつの忘れっぽいのには感心するよ」という嫌味な使い方もあります。

こうした用法がある「感心する」よりも、「感銘を受ける」（しっかり心に刻み込む）、「敬服する」（感動し、尊敬の念を抱く）を使うと良いでしょう。

ポイント

✔ **「感心する」は上から目線や皮肉にも使われる表現です**

✖

Aさん、かわいそうですね。

◎

Aさん、お気の毒ですね。

「かわいそうだ」と「お気の毒だ」、どちらも、相手の不幸や苦労を見て、自分の心が痛む様子を表した言葉です。意味はほぼ同じなのですが、使い方に少し違いがあります。「可哀そうだ」は「可愛そうだ」にも通じる言葉でもあり、小さく弱いものを愛おしむような姿勢が根底にあるのです。そのため、どうしても**上から目線で、憐れみ、同情するような印象**になってしまいます。

憐れむより、寄り添うイメージなのが、「お気の毒だ」です。

ポイント

✔ **知らないうちに、上から目線にならないよう気を付けて**

✕ ○○さんばかり、ずるいですよ。

◎ 私もあやかりたいものです。

誰でも幸せ話や自慢話を聞かされる場面があると思います。中には、自分のことを羨んで欲しい、相手に嫉妬して欲しい、という意図で話してくる人もいます。しかし、その意図に乗っては、あなたの品位を下げてしまいます。

便利な言い方が「あやかる」です。幸せな人に似て、自分も幸せになるという動詞です。「あやかりたい」は「相手のようになりたい」と羨む言葉ではあるのですが、少々古風な言い方なので、上品に聞こえます。

ポイント

✓ **「ずるい」「不公平」「いいなぁ」などやっかみに聞こえる言い方は避けて**

✕ 分かります!

◎ お察しいたします。

女子中高生の会話で頻出なのが、「分かる!」「本当そうだよね!」「それな!」などの共感のあいづちです。このあいづちが絆や連帯感を強めていくのでしょう。

ただ、年齢や立場の違う人との会話では、少しご注意を。「分かる!」と言ったら、**「分かってたまるか!」と思われる**可能性もあります。相手の心中を思いやる程度にしておくのが賢明でしょう。特に、相手が深い悲しみの中にいる場合、「さぞかしお辛いことでしょう」などと寄り添いつつ、安易に代弁しないのが望ましいですね。

ポイント

✓ **立場の離れた人に、軽々しく「分かる!」と言わないようにしましょう**

角の立つ注意・忠告

誤りを指摘したり、遅れているものを督促《とくそく》したり、ネガティブな声かけや働きかけは、気の重いものです。切り出しにくい話ではありますが、どのように言ったら良いかを理解しておき、表現の面では悩まずに済むようにすると良いでしょう。

乱暴な言葉でまくし立てたり、人格的に追い詰める表現をしたりするのは、パワハラ・モラハラに当たります。怒りや呆れ、疑念を抱いていても、感情を爆発させてはいけません。疑問形で現状・考えを尋ねる言い方をするとか、あえて冷静で丁寧な話し方を心がけると良いでしょう。

✖ いつになったらできるんですか!?

◎ 進捗はいかがでしょうか。

相手が〆切破りの常連であれば、「いつになったらできるんですか」「一体どうなっているんですか」と言うこともあるでしょうが、そうでないなら、まずは現状確認をしましょう。**この尋ね方でも、相手に罪悪感や危機感を抱かせることはできます**。

近い例では、「どうして○○できないんですか」というフレーズも、険悪なムードを招きがちです。相手が黙り込んでしまって話が進まないことも。ここでは「何が○○の妨げになっているのでしょうか」のように言えば、相手も答えやすいものです。

ポイント

✔ **相手を責めるのではなく、あくまで現状確認です、というスタンスで**

✕ **ちゃんと答えてもらえませんか。**

◎ **誠意あるご回答をお待ちしております。**

互いにヒートアップし、喧嘩になっても仕方ありません。イライラしたときほど、冷静な話し方を心がけましょう。事務的に近い口調で言うと良いですね。詰問せず、「お待ちしております」と微笑んでみせるほうが、かえって手強い印象を与えます。

「ちゃんと」を「誠意ある」と言い換えるなど、**あらたまった言い方を選ぶのもポイント**です。こちらがきちんとすればするほど、相手側の非が浮かび上がるという、交渉上の効用もあります。

ポイント

✓ **詰問を避け、冷静で、事務的な言い方を**

✕ **この際はっきり言わせてもらうけどね。**

◎ **あえて直言させていただきます。**

内容面で無礼になりかねないときほど、言葉遣いは上品にしましょう。「直言」は、思っていることを遠慮せずに言うことです。目上の相手であれば、「僭越《せんえつ》ながら」「憚《はばか》りながら」「出過ぎたことを申すようですが」など断ってから言いましょう。

「あえて」と付ければ、「失礼なのは承知で、相手や組織のためにあえてはっきりと言う」という立場が表明できます。

ポイント

✔ **失礼なのは承知で、「相手のためにあえて言う」というスタンスで**

角の立つ
注意・忠告

4

✕ そんなの、認められるわけないじゃないですか。

◎ こちらもさすがに承服いたしかねます。

きっと「ふざけんな！」と叫びたくなるような状況なのでしょう。しかし、**そういうときこそ、冷静な言葉遣いを**。「承服」は、納得して従うという意味です。「できるわけない」などと言わず、「いたしかねます」と言うのも、落ち着いた印象です。

なお、「さすがに」と一語加えることで、「こちらもある程度のことであれば受け入れる覚悟はあるものの、さすがにその条件はひど過ぎる」という非難をさりげなく伝えることができます。

ポイント

✓ **あえて硬質な「承服いたしかねます」を使って冷静に**

✕ そんなこと、しないでください。

◎ Aさんらしくありませんよ。

「罪を憎んで、人を憎まず」という言葉があります。注意するときも、この姿勢で臨むと良いでしょう。「Aさんらしくない」という言い方は、「尊敬するAさんがそのようなことをするとは……」という困惑を伝え、**本来の人柄に戻って欲しいと訴える**言い方です。

理不尽な仕打ちをされたり、セクハラを受けたりした場合に活用してもらいたいフレーズですが、対個人だけでなく、対法人でも応用できます。

ポイント

✓ **ただ注意するのではなく、相手の良心や誇り、羞恥心に訴えかけましょう**

✖ こんな状態なら、取引も考えさせてもらうよ。

◎ このような状態が続くようなら、今後のお取り引きはご遠慮させていただきます。

脅しと取られる口調は、避ける必要があります。元の文を威圧感たっぷりで言われたら、**相手は脅迫のように受け取る**でしょう。

断ること、やめることを丁寧に言う「遠慮する」を使い、冷静に条件を伝えて交渉しましょう。「こんな」も「このような」「こうした」とあらたまった言い方に。

なお、「われわれとしては、今後も○○さんにお願いしたいのはやまやまなのですが」と前置きすれば、より相手側の非を強調することができます。

ポイント

✔ **脅迫でなく交渉をするのだ、と意識して**

うっかりずれた季節感

手紙の書き出しや、「拝啓」「謹啓」などの後に、時候の挨拶を織り込むことがあります。「新緑の候」「炎暑のみぎり」のように熟語で書く場合もあれば、「ようやく過ごしやすい気候になりました」のように文で書いたりします。

いつどんな時候の挨拶を書くかは、実は厳密には決まっていません。自分自身の実感に基づいて書いても構わないものなのです。気候の変化、植物や旬の食べ物など、そのとき相手と分かち合いたい季節の、みずみずしい実感を書けば良いのです。

ただ、言葉の意味や使い方を間違えてしまうことで、うっかり季節外れにならないようには、注意したいものです。

うっかりずれた
季節感

1

×

（八月半ばに）暑中お見舞い申し上げます。

◎

（八月半ばに）残暑お見舞い申し上げます。

八月半ばといえば、まだ暑さの続く時期です。しかし、立秋を過ぎており、暦の上ではすでに秋に入っているのです。それなのにまだ暑い、ということで、「残暑お見舞い申し上げます」とします。

こうした季節感には、旧暦や古典文学が影響を与えています。年によって少し違ってきますが、**旧暦は現代と約一ヶ月ずれています**。

そしてかつては、一月一日からさっそく春でした（いまでも、年賀状などに「新春」という言い方が残っています）。**一～三月は春、四～六月は夏、七～九月は秋、十～十二月は冬**、という明快な分け方がされており、いまの暦に当てはめると、おおよそ、

・立春……二月四日頃
・立夏……五月六日頃
・立秋……八月七日頃
・立冬……十一月七日頃

です。そのため、二月四日のニュースなどを見ていると、「暦の上ではもう春ですが、まだ外は雪景色で……」という言葉が聞かれることがあります。

ポイント

✔ **暦の上で秋になったら、「残暑」に切り替えます**
✔ **季節の切り替わり（立秋など）は、実感よりも早めです**

×

もう三月だし、小春日和も増えてきたね。

◎

十一月に入って、朝夕は冷え込むけれど、昼間は暖かくて、小春日和という感じだ。

「小春日和」は、「春」が入っているので、春のことであると勘違いされやすい言葉です。しかし実はこれ、**晩秋から初冬にかけての気候を表す言葉**なのです。旧暦三月の「弥生《やよい》」という異名と同じように、旧暦十月（現在の十一～十二月）には「神無月《かんなづき》」、そして「小春」という異名があるのです。

基本的には次第に寒くなってくるその時期に、昼間、不思議とぽかぽかと暖かく感じられる日があります。そういった日を小春日和と呼ぶのでした。

ポイント

✓ **小春は旧暦十月。晩秋から初冬の気候のことです**

✕（離れた地域にお住まいの方に）桜花爛漫のみぎり、いかがお過ごしですか。

◎こちらは桜が満開を迎えました。そちらはまだ肌寒い日々が続いていますか。

桜は、沖縄で一月下旬、関東以西で三月下旬、そして東北の北のほうでは四月半ばに開花し、釧路で咲くのはおおよそ五月半ばです。この開花が進んでいく様子を桜前線とも呼びますが、桜前線は何ヶ月もかけて北上していくのですね。

時候の挨拶は厳格に決められているものでなく、個人の実感を書いて構わないものなのですが、桜のように、**地域によってずれの生じるものを取り上げる際には、少し注意が必要**なのです。

ポイント

✓ **離れたところに住む人とも共有できる季節感かを確認しよう**

✕ 風邪を引きやすい時期なので、ご注意ください。

◎ 時節柄、お風邪など召《め》されませんように。

こちらは季節外れというわけではありませんが、季節を表現する際の、惜しい言葉遣いです。「召す」は「自分の身に取り込む」という意味の尊敬語です。「お風邪を召す」「お年を召す」「お気に召す」などと使います。「風邪を引く」の代わりに「お風邪を召す」と言えば、**敬語になる上、やわらかで上品な響き**です。

年中使用できる気遣いの言葉としては、「ご自愛ください」「おいといください」があります。どちらも、自分の身体を大切にするよう呼びかける表現です。

ポイント

✓ **上品な表現で、やわらかな響きを演出しましょう**

コラム

感性を磨く「大和言葉」

基本的にひらがなで書くような言葉、漢字の訓読みを用いる言葉の多くは、古来使われてきた大和言葉です。平安時代のような雅な言葉もあれば、江戸時代のような粋で格好良い言葉もあり、雰囲気は様々ですが、情感豊かな言葉が多くあります。

・「ようこそ」：元は「良くこそ」だったものが、ウ音便になった言葉。「こそ」は強意の副助詞（古文では係助詞）です。「ようこそ（よくぞ）お運びくださいました」のように言うことで、相手の訪問を称え、感謝やねぎらいの気持ちを示します。

・「気を揉む」：あれこれと心配すること。「気」は、「気をきかせる」から分かるように、状況を読み、的確にふるまうための判断力のことです。事態が思い通りに進まず、じれったく思ったり心配したりする様子を表したのが「気を揉む」です。

・「絆《ほだ》される」：「絆」は普通「きずな」と読み、良い意味ですが、昔、「ほだし」は否定的に使われていました。出家して仏道に励みたいのに、家族や恋人（＝ほだし）がいるから踏み切れない、というようにです。絆に対する情で、自分が望む行動ができない、縛られている感覚を「ほだされる」といいます。

おわりに

ここまでお読みくださり、ありがとうございました。最後に、少しだけ私の思い出話をさせてください。

私は大学に入学してすぐ、塾でアルバイトを始めました。週に六日も教壇に立ち、生徒面談や保護者面談も担当させてもらっていました。その会社にそのまま就職し、塾講師として働く中で、教えることに裏付けが欲しくなってきました。そこで、二十四歳で大学の通信課程に入学し、働きながら教職課程を履修しました。

大学では、教育学や教育心理学、教育史など、様々な科目を履修しました。その一つひとつが面白く思われ、楽しく勉強することができました。それは、現場で教育をしてきた経験のおかげで、実感を持って理解できることがあったからです。そして、教科書に、自分の仕事の中で実践したいアイデアが多く含まれていたからです。

本と現場とを往復するような、豊かな日々でした。

この本も、そうした本になることを目指して書きました。

日常から離れた、国語のお勉強という感じにはしたくありませんでした。日常生活や仕事の現場と相互作用を持つ本にしたいと考え、漢字の読みがなでも何でも、普段の暮らしとつながった具体例を選ぶことに注力しました。

この本の中に、日頃自分が使ってしまっている「もったいない日本語」を見付け、認識を改める。この本を読んで学んだ語彙を、日常生活や仕事で実際に使う。そうした本と現場との往復が生まれる書になって欲しいと願いながら、執筆しました。

目標がどれほど叶えられているかは分かりませんが、読者の皆様一人ひとりにとって、より望ましい、よりふさわしい日本語を考える一つのきっかけになれば、著者としてこの上ない喜びです。

吉田裕子

吉田裕子（よしだ・ゆうこ）

国語講師。公立高校から、塾や予備校を利用せずに東京大学文科三類に現役合格。教養学部超域文化科学科を首席で卒業後、学習塾や私立高校などで働きながら、慶應義塾大学文学部第1類（通信教育課程）を卒業。現在は都内の難関大学受験塾で教える。また、カルチャースクールや公民館で古典入門、文章の書き方などの講座を担当し、6歳から90歳まで幅広い世代から支持される。たとえ話や笑いを交えた、分かりやすい教え方が好評。2010年には大手学習塾の授業コンテストで全国優勝を果たす。著書に『正しい日本語の使い方』『大人の文章術』（以上、枻出版社）、『美しい女性（ひと）をつくる言葉のお作法』『大人の語彙力が使える順できちんと身につく本』（以上、かんき出版）、『英語にできない日本の美しい言葉』（青春出版社）など多数。

語彙力上達BOOK

2017年12月24日　初版発行

著　者　吉田裕子
発行者　野村直克
発行所　総合法令出版株式会社
〒103-0001 東京都中央区日本橋小伝馬町15-18
ユニゾ小伝馬町ビル9階
電話　03-5623-5121
印刷・製本　中央精版印刷株式会社

ISBN 978-4-86280-595-9
総合法令出版ホームページ　http://www.horei.com/